朝阳大学先贤文集

朝阳大学先贤文集

顾 问：孙国华 徐 葵
主 编：冯玉军 郑爱青

项目支持：2013年中国人民大学重大基础研究项目（2013030278）
项目名称：朝阳大学先贤文集和法学文库：点校出版、学术研究与数据库建设
赞助单位：香港吕氏基金有限公司
特别联络：黄毅（香港吕氏基金有限公司）
《朝阳法学数据库》：中国人民大学图书馆宋姬芳、闫桂梅等

钱泰法学文集

钱 泰 著 赵刘洋 点校

法律出版社 LAW PRESS · CHINA

朝阳大学先贤文集点校出版和数据库建设

项 目 概 况

项目支持:中国人民大学(2013 年中国人民大学重大基础研究项目)

赞助单位:香港吕氏基金有限公司

项目总顾问:吕振万

朝阳大学校友会名誉会长,人民大学朝阳法学研究中心名誉主任

项目顾问委员会主任:孙国华

朝阳大学校友会会长,人民大学朝阳法学研究中心主任

项目顾问委员会副主任:徐葵、关怀、巫昌祯、熊先觉

项目顾问(以姓氏拼音为序):曹重三、陈国庆、陈天池、陈逸云、程鹏、戴玉忠、方流芳、符立、庚以泰、郭鸥一、韩大元、韩延龙、何祖兴(台)、聂文(台)、王承斌、王利明、信春鹰、张思之、张云秀、赵中孚、朱崇凯

项目特别联络:黄毅　先生(香港吕氏基金有限公司)

法律出版社:高山　黄倩倩　编辑

中国人民大学科研处:沃晓静　副处长

《朝阳大学先贤文集》点校出版编辑委员会

主　编：冯玉军，中国人民大学法学院教授、博士生导师

　　　　郑爱青，中国人民大学法学院副教授，硕士生导师

秘　书：颜丽媛，中国人民大学法学院博士生

　　　　张先民，中国人民大学法学院硕士生

《朝阳大学法学数据库》建设

主　持：宋姬芳，人大图书馆副馆长

执　行：闫桂梅，人大图书馆古籍部主任

致 谢

《朝阳大学先贤文集和法学文库:点校出版、学术研究与数据库建设》项目得到中国人民大学的高度重视,2013年3月获评中国人民大学2013年度重大基础研究项目,支持经费60万元,由朝阳校友会、朝阳法学研究中心、中国人民大学法学院和中国人民大学图书馆发起并组织完成。本项目致力于点校出版"朝阳大学先贤文集"系列丛书和建设"朝阳大学法学数据库",让尘封数十年的著述再度与广大学者、特别是中青年读者见面,希望再现朝阳大学当年的学术辉煌,同时表达对先贤业绩的缅怀与纪念,实现"为往圣继绝学,为万世开太平"之使命。

本系列丛书由中国人民大学朝阳法学研究中心名誉主任、朝阳大学校友会名誉会长、香港著名实业家、教育家、慈善家吕振万先生及其儿子吕荣义先生创立的"吕氏基金有限公司"资助出版。在此,谨向他们致以由衷的感谢!

香港"吕氏基金有限公司"成立于1996年,是一家非营利慈善机构，宗旨为“扶贫济困、弘扬善举、奉献爱心、回馈社会”。遵照创办人之理念：将参与慈善公益事业作为企业建设发展的重要部分，在企业发展的同时，不忘对慈善公益事业进行持续的投入，为推动民生改善、构建和谐社会尽绵薄之力。十几年来，吕氏基金在赈灾、扶老、助幼、济困、助学、助医及支持中华文化艺术、环境保护等领域不遗余力，参与奉献，其善举获得了社会各界的嘉勉和肯定。

吕振万先生历年来捐资港币1.6亿多元，用于国内慈善公益事业和教育事业。先后建造各类学校教学楼170余所，如华侨大学、集美大学、福建师范大学教学楼、南星中学一系列科教楼，并协助美化、绿化诸校园环境。还在中国人民大学、武汉大学、华侨大学、泉州培元中学等多所学校设立奖教、奖学及助学金；资助出版《朝阳校友通讯》、《朝阳法律评论》，设立厦门大学吕振万书籍出版基金；多次赞助福建省为贫困中、小学校“捐书助学献爱心”活动；捐资扩建福建南安海都医院，援助建设厦门中山医院多功能医疗大楼等。在吕先生故乡，建设了南安水头体育馆、泉州游泳馆以及公园等社会福利配套设施，种种善举，惠泽乡梓，造福社会。在香港地区，吕氏基金全力支持香港中乐团一系列活动，积极资助保良局助养计划、捐建播道会“儿童之家”新大楼及捐建广荫老人院基金与节日礼物，支持香港福建希望工程基金会助建内地六所“希望工程”小学，并多年资助香港福建中学贫困学生“启动工程”。

吕氏基金资助出版“朝阳大学先贤文集”丛书，是认为朝阳大学先贤不仅留下了学术价值极高、具有创造性意义的著述，而且留下了“法治救国”“宪政兴国”的崇高理念，出版“朝阳大学先贤文集”可使珍贵学术遗产得到广泛传播，法治精神能够薪火相承，意义深远。

慈善事业是阳光的事业，欣欣向荣，万古长青。吕氏基金是慈善文化百花园中的一朵奇葩，它将继续践行"达则兼济天下"的抱负，一如既往地履行安老助孤、扶贫济困和襄文助教的社会责任，努力促使大爱的阳光洒满天下，造福民众。

我们衷心祝愿吕氏基金声誉日隆、香浸人间。

不仅为了纪念

吕振万　序

1912年，民国初年，新兴的民主共和政体代替了已在中华大地上存在了数千年之久的专制制度。汪有龄、江庸、黄群、蹇念益等先贤以"为天地立心，为生民立命"的情怀，兴学办教，集资创办了以教学和研究法学等为重心的私立大学，以"浚哲文明"为训，力图为中国的民主法治进程奠定更坚实的基础。筚路蓝缕，艰难玉成，经仁人志士数十年努力，终于造就了"无朝(阳)不成(法)院"美誉，在中国法学教育史上写下了灿烂的篇章。在朝阳大学开办百年之际，由朝阳校友发起并主持，收集整理研究出版"朝阳大学先贤文集"，我觉得有以下几个方面的意义：

(一)再现朝阳学术辉煌

朝阳大学自创建之日起便注重延聘学有专长、学术理论和司法实践经验丰富的名师任教，也十分注重编辑出版师生的著述，因此留下了大量教学科研成果。不仅朝阳大学的《法律评论》历经世纪风雨从未间断,至今仍在出版,成为奇观,朝阳大学的讲义也曾成为了中国法科学生争相索取之物,一时洛阳纸贵,大致统计,曾经在朝阳大学任教的学者留下了数百著作与千篇文章,其中大量的都是具有开创意义的著述。但由于这些著述出版较早,印数较少,再加之历经十年兵战内乱,特别是20世纪后半叶朝阳大学被迫中断其近四十年办学历程后,由于意识形态差异而因人废言,大量曾担任司法机关职务与在司法实践一线的朝阳大学学者的著述无法再与读者见面,而只能保存于国家图书馆等极少数图书馆中,不仅一般读者很难一见,就是专门研究者也难以一睹真容,几近湮没。利用纪念朝阳大学开办百年的契机,编辑出版"朝阳大学先贤文集"丛书,也是恢复历史的本来面目,再现朝阳大学当年的学术辉煌。

(二)促进当代法学研究

朝阳大学是中国较早的法科大学,而且在变化莫测的混乱时世中勉力支持,为保持自己的独立地位而长期坚持私立办学,形成了自己独特的办学品位和特色,与具有西方教会办学背景的东吴大学法学院形成了南北鼎立之势,成就了中国法学教育史蔚为大观的"北朝阳南东吴"现象。朝阳的法学研究秉承大陆法系重视法典研析、重视司法实践的传统,形成了与东吴大学秉承的英美法系不同的学术研究风格。不同的学术流派与风格互相砥砺切磋、相互融汇吸收,是法系进步的不二法门,也是推动法治进步的重要途径。迅速整理点教、编辑出版封存数十年的朝阳先贤的著述,让尘封数十年的著述再度与广大学者和读者、特别是中青年学者与读者见面,有利于学术研究传统的继承与创新,在新的历史条件下促进中国法学教育。

（三）继续先贤未竟事业

朝阳大学以法学为主，其经济、政治等科亦名师众多，办学颇有成就，甚至国文、外文等公共通识类课程也尽其所能延聘名师，教师著述丰富，且多系开创性研究。在其存续的数十年中，朝阳大学培养了众多的学生，他们在各自的工作岗位和研究领域又多有建树。随着时间的推移与历史的发展，当年朝阳大学的学生也将因为其成就而被后人尊为先贤。随着"朝阳大学先贤文集"丛书编辑出版工作的推进，将来还会把他们的著述以及研究朝阳大学和朝阳先贤的著述收录其中。这样就会通过丛书的编辑出版，更多地汇集朝阳大学的师长、学生以及他们的子弟以及研究与关注者，增强朝阳凝聚力，传承朝阳精神。

21 世纪已过去十余年，朝阳大学诞生亦已百年，回顾历史，展望未来，中国的法治进程正处于一个关键时期，中国社会也正处于一个转折时期。回到闭锁、专制的时代已不可能，是原地踏步、逡巡不前，还是披荆斩棘、奋力前行，建设一个更加开放、民主的社会？每到紧要关头，人们总是回望过去，从历史中获得前进的动力。在这样一种背景下，编辑出版"朝阳大学先贤文集"丛书，不仅是对先贤业绩的一种缅怀与纪念，更重要的是研究先贤们在已经过去的历史转折时期的所思、所想、所为，从历史中汲取营养与力量，践行"为往圣继绝学，为万世开太平"之使命。

是为序。

吕振万

2013 年 11 月

百年朝阳：历史的纪念与仰望

——"朝阳大学先贤文集"丛书总序

孙国华*　序

作为中国最早的法科高等学校，朝阳大学与中华民国同岁。创建伊始，即秉承"浚哲文明"校训，弘扬"理实并重"学风，汇聚才智，俊杰辈出，执民国法学教育之牛耳，尤其是司法官考试成绩无出其右，成就"无朝不成院，无朝不开庭""北朝阳，南东吴"的佳话。1912～1949 年，朝阳大学弦歌不断，法脉维系，共计培养出 6230 名法科学生，占同时期法科学生总数 40000 人的七分之一多，为传播近代法律文化、培养法学人才，做出了重要贡献，堪称中国法学教育与法律实践的摇篮。

1949 年，北平解放，朝阳大学由人民政府接管，先叫"北平政法学院"，8 月改称中国政法大学，由毛泽

---

* 孙国华，中国人民大学法学院荣誉一级教授，博士生导师，朝阳校友会会长、中国人民大学朝阳法学研究中心主任。

东题写校牌,校址仍在海运仓旧址,设一、二、三学员部。其中,一部轮训在职司法干部,陈守一负责;二部为法律专修科,王汝琪负责;三部为法律系本科,冀贡泉负责;各部均设三个学员班。11 月,刘少奇代表中央提出以华北大学、华北人民革命大学、中国政法大学为基础合并成立中国人民大学。1950 年 3 月,一部学员毕业直接分配工作,二部学生 611 名转为中国人民大学法律系专修科学习,三部 316 名学生转为中国人民大学法律系第一期四年制本科生。五十年代以来,中国人民大学法律系的许多教学骨干和学生均为朝阳学子,全国各地法律院校亦有众多朝阳学子,他们为新中国的法学教育、法学人才培养和新中国的法律建设做出了重要贡献。新中国建立后,朝阳大学优秀的风格和传统得到传承与发扬,承载着朝阳精神的中国人民大学法学院不断开拓进取,在新时代推动了中国法学教育的改革和发展。完全可以说,朝阳大学是中国人民大学法律系的重要源头,为中国人民大学法律系的建立和发展奠定了良好基础。它见证了民国法政教育由初兴到繁盛再至融入新中国法学教育的历程,为中国法律事业的转型和发展做出了不可磨灭的贡献。

抚今追昔、见贤思齐。新中国的法治建设已经走过了风风雨雨的六十余年历程,站在这样的一个历史时点,党的十八大提出:要“实现国家各项工作法治化”,“提高领导干部运用法治思维和法治方式深化改革、推动发展、化解矛盾、维护稳定能力。”十八届三中全会决议进一步指出:“全面深化改革的总目标是完善和发展中国特色社会主义制度,推进国家治理体系和治理能力现代化。”“建设法治中国,必须坚持依法治国、依法执政、依法行政共同推进,坚持法治国家、法治政府、法治社会一体建设。”学习中央重要文件精神,纪念朝阳大学诞辰一百周年,我以为未来应该更加重视弘扬法治精神、改善法学教育、构建与中国特色社会主义法治国家相适应的法律文化。

第一,全面推进依法治国,离不开先进的法律文化。法治和文化紧密联系。文化一般可理解为人类在科学、教育、艺术和社会其他精神领域获得成就的总和。法律文化是整个社会文化的一个特殊部分,是一个涵盖法律领域多种现象和因素的综合范畴。高度的法律文化就是实行法治、依法治国的法律文化,即法治文化,它体现了文明时代特别是近现代人类对法和法律的基本态度,是将依法治国作为治国理政基本方略的法律文化。具体表现为人人学法、懂法、自觉守法、护法,把依法办事作为一种信仰甚至习惯,国家机关工作人员、特别是领导干部不仅有高度的政治觉悟,而且能进行法治思维,会运用法治方式来处理各种矛盾。

第二,从思想渊源上看,有四种法律意识和法律文化对中国特色社会主义法律文化、法治文化形成起过较为重要的影响。一是中国共产党在领导人民进行民主革命、社会主义改造和社会主义建设中逐渐形成的法律文化;二是在建国初期全面学习、借鉴前苏联、东欧等国家的法律文化;三是清末民初旧民主主义革命时期中国的先进人士学习西方法律文化,并在实践中与中国传统法律文化融合而形成的旧民主主义法律文化;四是改革开放以来获得广泛传播的西方现代、后现代法律文化。多年来,我们更加重视对前两种法律文化的研究和学习,改革开放后又较为重视第四种法律文化,在总体上对于清末民初中国先进分子通过学习德国、日本并结合中国传统文化形成的旧民主主义法律文化重视不够。必须承认清末民初中国的知识分子,多数都怀着忧国忧民、振兴中华、变法图强的良好愿望,不少人甚至为此献出了生命。旧民主主义的道路虽然没有走通,但也为后来的新民主主义、社会主义积累了经验、教训,提供了可供参考、借鉴的法律文化。正确认识和评价清末民初以朝阳法学先贤为代表的旧民主主义法律文化,理应在政治上"脱敏"、法学上研究、思想上尊重和传承。

第三,未来我们要努力构建的中国特色社会主义法律文化、法治文化,是以中国革命和建设过程中形成的法律文化为核心,吸收、借鉴本国传统、西方、苏联和俄罗斯等国法律文化中的合理成分融合而成的，坚定不移地走中国特色社会主义道路、建设中国特色社会主义法治国家的法律文化。它坚持共产党的领导、发展人民民主和依法治国紧密结合，强调以人为本、尊重和保障人权、构建和谐社会、促进人与自然协调发展、促进世界和平发展等基本原则；坚持弘扬法治精神，克服重政治、轻法律，重意志、轻文化的倾向，重视对世界和中国传统法律文化、包括中国旧民主主义法律文化的分析、批判、扬弃；坚持贯彻“双百”方针，推动正常的、健康的学术争论，鼓励和培养追求真理，相互切磋，朴实真诚的学风；坚持在法学教育中理论联系实际，中外古今经验相结合，不断完善中国特色法律话语体系和法学教育体制。

第四，朝阳大学先贤文集系列丛书的点校出版是一项前人从未做过的大工程，意义重大。它合乎把人民大学法学院建成世界一流法学院的需要，将显著提升法学研究和法律文化建设水平。传承朝阳法学教育的传统和声誉，展示中西法治文明兼容并蓄新貌，也有助于传承和发展现代法治文明，扩大海峡两岸的法学交流与合作，推进实现中华民族伟大复兴的中国梦、促进祖国和平统一。这套丛书的出版不仅使朝阳老校友多年的梦想终于成真，而且通过团结带动一批中青年学者整理点校先贤文集，对朝阳法律思想和研究成果阐幽发微，以再续弦歌，弘扬民主、法治精神，适应和满足建设中国特色社会主义法治国家的时代需要。

衷心希望具体承担《朝阳大学先贤文集》点校出版工作的中青年学者继承“凭着这朝气行健以自强，正气长昭日月光”的朝阳传统，不断努力、追求光明、薪火相传，全力推进法治中国建设。让法治进入每一位国人的心中，成为我们生活于其中的文化的一部分。

孙国华

2013 年 12 月

总　例

一、本套丛书是以个人文集形式，有选择地整理曾在朝阳大学任教老师的经典著作，内容以法学为主，但不仅限于法学。每位学者的著述也以某一主题的法学著述为主，相应命名为《某某X学文集》或者直接命名为《某某法学文集》，不作任何有损原意的改动，仅为适应现今作者的阅读习惯，作适当技术性加工和形式方面的调整。

二、文集所选著述的版本，主要从中国人民大学图书馆、国家图书馆所藏各版本中择优选择，如中国人民大学图书馆、国家图书馆无藏或所藏版本有装订缺漏及页码残缺等情况时，则递选京、沪、汉等地重要图书馆收藏的版本加以弥补。每部文集的编辑尽可能地收集该著者的全部著述与出版情况，比较分析后选定文集主题并附加编校说明或点校者前言。著述包括作者的著作、译作、论文、讲义、序文等法学相关著述。

三、原书竖排版者，一律改为横排。原文"如左"

“如右”之类用语，相应改为“如下”“如上”等。原文中用来补充说明的小字，恢复成与正文字体同，并加中括号区别。作为谦称的“不佞”等词的小字，仅恢复成与正文字体同。

四、原书繁体字、异体字，一律改为简体字、正体字，参照《新华字典》与《现代汉语词典》。个别若作改动会有损愿意者，则予以保留，另加注说明。原著中表避讳、恭敬等的字体缩小及空格、空行等均按当今阅读编排习惯进行处理。原文中的双行小字夹注一律改为文中括号加注。

五、原书无标点符号或标点符号使用不规范者，一律代之以现在规范通行之标点符号。原著中缺漏或无法辨识之字，则以“□”标记之。原著行文中所用中文数字，一般不改为阿拉伯数字。但为编排方便，图表中的中文数字及数量单位加以适当变更。

六、原书无段落划分者，点校、勘校时作适当之段落划分。原著确有重复、遗漏等错误者，则据前后行文等加以相应改正；原著中的段落接排与个别过长段落，亦以不影响原著内容表达为原则略加修改；若干原著中的置于页眉等处的段落标题与标号、页码等，重新编排时亦加以适当处理。以上变动，均于首次处理时标注，在页下加以说明。

七、原书所用专有名称、专门术语今日有更通用统一提法者，酌加改动并注明。个别特别重要的著译，酌于书后附上新编之名词索引。原书所用国内外地名、人名等，如与当今通说不同以及随着时间推移有变化，则改今说，但首次出现时，以页下注方式注明。部分指向不明、原著又未提供英文的人名、地名、国名等专有名词，则保留之，供读者查证。

八、为保留原书原貌，对原书所引用之事实、数字、书目、名称及其他材料确有错误者，在原文中不作改动，可加注说明。为便于读者理解，编纂者可能会对原著所涉及的若干重要人物、事件等，以页下注方式加以注释。所有原著注释均保留,并标明“原著注”。所有编者注,亦加以说明,以与原著注释相区别。

九、本丛书所选编之著述,均依相应出版规范与编辑惯例处理。

“朝阳大学先贤文集”丛书编委会

冯玉军 谨识

2014 年 6 月

点校者序

钱泰先生(1886—1962)是民国著名法学家,在国际法等领域卓有成就。钱泰字阶平,于1886年出生于浙江嘉善,早年参加科举,为1906年丙午科优贡,在中国传统学问方面积累颇厚。后负笈西洋,毕业于法国巴黎大学,获得博士学位,在西学方面亦可谓精通。回国后积极为促进中国法律制度现代化而努力。先是1915年担任北京政府司法部秘书兼统计司司长,后任司法部参事。1921年任外交部条约司司长并一度代理外交部次长。南京国民政府成立后,钱泰先生担任国民政府司法院参事处参事。1931年任司法行政部参事,后任驻西班牙公使,1937年任驻比利时公使。抗战爆发后,连续担任国联第十八届、十九届、二十届代表以及九国公约会议代表。1941年担任国民政府外交部常务次长,1943年任驻挪威大使。1944年任驻北非法国民族解放委员会代表,11月任驻法国临时政府大使。抗战结束后,1947年任签署对意大利合约全权代表,同年4月任中国出席国际邮政会议代表团团长。1949 年 10 月去职,1950 年年初定居美国。后迁居维也纳,1962 年逝世,享年 76 岁。钱泰先生积极参与中国法律制度现代化的实践,并且长期担任中国驻外公使、国际组织代表等职位,为中国法律和外交的现代化做出了诸多贡献。

这两部讲义著作出版于 1920 年(民国九年),主要是对法院编制和国际私法方面进行的法律注疏和解释。以下将简要对这两部讲义著作进行简要介绍。

关于《法院编制法》的解释总共十六章,主要包括解释法院内部机构权限和功能、基本运行规则、人事编制规定、奖惩机制、司法制度构建的基本理念等诸方面内容。这部法律本身明确规定了四种机关:"法院编制法之中者有四种机关:一为审判衙门;二为检察厅;三为书记官;四为承发吏。"四种机关之中,"尤以审判衙门最为繁复。故本法之编纂,自第一章以迄第十章,首将审判衙门之组织及权限先为规定";庭丁"则附属于法庭,非另一机关,故以之附于审判衙门之内";第十一章规定"检察厅之组织及权限";第十二章"则总承以上各章,而规定推事及检察官之任用";第十三章、第十四章规定"书记官、翻译官及承发吏之职务,不独与审判衙门有相关联之处,即与检察厅亦有关联之处,是以继审判衙门及检察厅之后,即为分别规定";第十五章规定"法律之辅助";第十六章规定"司法司法行政之职务及监督权则,又系统承以上四种机关之规定,并非仅指审判衙门及检察厅而言"。正如钱泰先生所评论的,此部法律的编纂方法"自第一章以至第十六章,首尾相衔,丝毫不紊,亦可谓秩序有序也"。钱泰此部讲义著作也是按照这样的顺序进行展开。

关于《法院编制法》本身,这里需要简单介绍一下这部法律的基本背景。其最早是近代中国著名法律改革家"沈家本先生于 1908 年提出,紧随 1907 年的'暂行章程',后由宪政编查馆公布,此馆于 1907 年创立并被授权评估和发布所有法律”。该法将法庭划分为四个层级即初级审判厅、地方审判厅、高等审判厅和大理院,地方审判厅及以上各级审判厅,民事厅与刑事厅分设。著名学者黄宗智先生认为该编制法首先“清楚地列出了某些用于分开司法权力和行政权力的详细准则。在现存体制下,县令兼县法庭法官之职(有刑名幕僚协助)。该功能现将由职业法官即推事实现,这些人从新式‘法政学堂’毕业生中经考试录用。成功的候选人将成为‘候补推事’,经两年在职训练及第二次考试合格后,一有审判员职位开缺即可填补”。与此类似,“在中央一级最高法院行使类似独立权力,在事涉死刑的案件上,大理院有终审权,无须与法部协商”。可以看到法院编制法本身显示出对传统中国法律制度进行根本改变,注重法庭内部分工合作以及司法本身的独立地位。黄宗智先生也指出,这部制定的法律规则与实际生效的法律是两回事,“在司法实践中,新的制度在全国的推行需要较长时间,而且即使如此,(推行)也是在核心地区多于边缘地区”。[①] 在这部著作中,钱泰先生在对新法律的解释中注重运用中国传统典籍中的案例进行相互比较,这与所谓“中国古代也有”或者“为什么中国没有”的非此即彼的二元对立思维不同,其是通过中西相互比较来阐释彼此。

因为在中国近代法律变革过程中,中国主要是向西方学习,传统中国的法律逐渐被抛弃,从法律条文上而言,传统中国法律与现实法律制度之间已经脱节。这造成的一个重要影响是,中国法律史在国内逐渐成为越来越边缘的学科,而且中国在学习和引进西方法律制度的同时,亦受到西方价值观念的影响,从整体上而言,对传统中国法律的评价主要是消极的。

---

① [美]黄宗智:《清代以来民事法律的表达与实践:历史、理论与现实》(第二卷),法律出版社 2014 年版,第 33 页。

笔者并不否认传统中国法律存在诸多缺陷,但或许一些我们所认为的“缺陷”往往是基于预设价值的评价甚或误解,因此在笔者看来,对于中国法律史的研究尤其应该需要“了解之同情”的态度。这正如陈寅恪先生在冯友兰先生的《中国哲学史》(上册)审查报告中所指出的:“对于古人之学说,应具了解之同情,方可下笔。盖古人著书立说,皆有所为而发。故其所处之环境,所受之背景,非完全明了,则其学说不易评论,而古代哲学家去今数千年,其时代之真相,极难推知。吾人今日可依据之材料,仅为当时所遗存最小之一部,欲借此残余断片,以窥测其全部结构,必须备艺术家欣赏古代绘画雕刻之眼光及精神,然后古人立说之用意与对象,始可以真了解。”在陈寅恪先生看来,要达到真了解的状态,应该对于研究对象持一种“同情”的态度,“所谓真了解者,必神游冥想,与立说之古人,处于同一境界,而对于其持论所以不得不如是之苦心孤诣,表一种之同情,始能批评其学说之是非得失,而无隔阂肤廓之论”。[①] 实际上对待传统中国法律同样应如此,首先应将传统中国法律视为在传统社会的情境下,为解决传统社会中的问题而进行的制度设计。因此,这对于中国法律史研究也具有诸多启示:应该重视法律制度在怎样的情境下被制定、为应对怎样的问题、当时的人如何理解法律制度以及在具体的运作过程中又呈现怎样的状态等,只有在这些详尽事实的发现的基础上,我们才能更好地评价传统中国法律制度的是非得失。

在这部著作中,我们亦可看到钱泰先生熟稔于中西方司法制度。比如关于中国的审级制度的解释,钱泰先生说道:“本条系规定审判衙门之等级及其次序,初级审判厅为最下之级,由初级而上则为地方审判

---

① 陈寅恪:《冯友兰〈中国哲学史〉(上册)审查报告》,载《陈寅恪学术文化随笔》,中国青年出版社1996年版,第10~11页。

厅,再上则为高等审判厅,再上则为大理院,阶级秩序然,不容或紊。”他同时明确指出,制度阶级次序并非统辖关系,审判独立是最重要的原则,“但此阶级制度纯为次序上之关系,要不含有统辖之意味,盖审判衙门之性质以级级独立为莫大之原则也”。因此,“审判衙门之阶级虽分为四,而其审级则限于三,即在初级审判厅起诉者,则地方审判厅为第二审,高等审判厅为终审,其在地方审判厅起诉者,则高等审判厅为第二审,大理院为终审,此即所谓四级三审制度也”。即如果是在初级审判厅起诉,地方审判厅二审,高等审判厅则为终审。如果是在地方审判厅起诉,那么高等审判厅则为二审,大理院则为终审。在他看来:“审级制度各国不同,如德之采用四级三审制(两头三审),法之采用三级三审制(一头三审),奥之采用三级两审制(一头两审),繁简疏密,各有其利害得失。”至于中国应该采取何种审级制度,他认为考量到中国的现实国情和具体现状,目前的四级三审制较为合适:“吾国今日究以采取何制为宜,虽尚为一般学者所聚讼,然据吾人之意见,中国幅员辽阔,交通未便,三级两审制固绝对不可用,三级三审制亦有不恰于国情。权其利弊,犹以采用四级三审制之为得也。”

实际上,深入理解中国法律应该将对传统中国法律制度的认知以及对西方法律制度和理论的认知融为一体,不可偏废其一。对中国法律制度的认知不应拒斥西方理论,而应该区分西方理论方法与理论方法中带有的价值和前提性预设。西方理论可以作为中国法律的重要参照,可以启发研究者寻找到新的研究视角,从而加深对中国法律的认识;同时,西方学术理论很多是从西方的实践过程中提炼而来的,尽管传统中国的法律具有自身的特点和社会基础,但并不意味着我们就要承认传统中国法律制度都是合理的。实际上,中西法律在解决一些问题上具有普遍性,比如关于如何实现司法正义等方面,我们可以以此来反观传统中国法律如何应对和处理这些普遍性议题。

这样的一种研究理念在钱泰关于国际私法的注疏解释方面体现得更为明显。

在他看来,国际法对于两国之间的关系,就像国内法对于国内两人之间的关系,既然存在利益抵触,就需要法律进行调整。而国家是主权国家,像每个公民个体,国际法就是解决不同国家之间的共通性自然法则。他说道:“国际法之于两国间之法律关系,犹国内法之于内国人民两人间之法律关系也。凡居于同国之民,受同等法律政府之关系,其风俗习惯不甚相违也。然且有利益抵触之事,故一切法律关系必有种种法律之规定。以两国之对峙,风俗不同,习惯不同,一切利害又不同,既有交通,必有相对之义务。且不能免利益之抵触,其势然也。顾国内人民之法律关系,均为国内法之范围。如有抵触,固可以国内法律免之。独国家间之法律关系,则以独立为国家之要素。文明各国。各于其国境之内。制其法律,行其主权。绝不愿受外国之干涉。加以世界独立诸国,有同等之义务权利。并无一主权焉。驾于国家之上,为诸国所公认。足以指挥群邦。故国际间之利益抵触,恒无法律以其平。国际法学者,有鉴于此,乃推求人类生存间自然法之通则,以求一解决之道。务使不妨各国独立之主权而又易于遵守,此通则者何?即国际法也。”因此,在他看来,不同国家之间尽管风俗、习惯和利益不同,但是彼此之间仍然可以寻找到共通性准则,这种共通性准则今天看来类似一种跨文化理解:“故国际法者,乃最高之通则,立于各国内法之上,以公平为前提,以解免各国法律关系之抵触者也。”

当然,寻求通则的前提是正式现实存在的诸多差异,共通准则的寻求是建立在对彼此差异的深刻理解和认知基础之上的。在他看来,“各国法律之差异。假使世界仅有一国,或各国利益相同,法律相同,则法律抵触之事必少,而国际私法所以解免此抵触者,将无存在之必要。然按之实际,则大不然。各国法律有大相差异者,有互相刺谬者。”并且不但国与国之间的法律不同，纵然是一国之内也往往有不同法律。“以往者，如法国革命以前各地有习惯法，德国之统一民法，仅自一千九百年起耳，现在者，如奥国之民法，不适用于匈牙利、克劳缔、斯拉伐尼、脱浪斯伐尼、英国之爱尔兰及多数殖民地。皆有特别之法。美国各洲，各有其州之法律。波兰及芬兰，虽为俄领，而仍存其旧法。皆其例也。此则不特国际之法律有抵触，即一国之内，亦能起抵触之事。”

当然其中不乏理想，这是当时诸多知识人的理念，寻求国际间的共通进化准则：“假使吾人以世界之公益为前提，而于各国之人情风俗，概置不问，则统一各国法律，实为世界有益之举……各国如能将国籍之取得与丧失，规定一致，岂不甚善！他如商法及海商法，亦克公订条约。渐趋一致。盖商法与兑换为世界通行之事，彼此习惯制度不甚相违。其他可期统一之法律，亦复不少。惟有大部分之法律，终为气候风俗所限，强而同之，窒碍实多。且各国并峙，实有彼此互益之举。假使世界仅有一国，法律固统一矣，然竞争之心减少，而人类之进化，且为之一中止焉。”

钱泰《法院编制法讲义》和《国际私法讲义》系民国时期朝阳大学法律科讲义之一，是中国学者较早编写的关于法院编制和国际私法方面的讲义，对于认识中国法学的近代发展脉络具有重要意义，也是较早运用西方现代法学理念和概念研究中国法律制度的重要作品。两部讲义著作结构完整，分析深入，条分缕析解释法律制度，说理透彻，视野宏阔，能够在对西方法律学说熟稔的基础上，结合当时中国现实状况提出一家之言，至今仍然具有较高的学术价值。

赵刘洋

2017 年 8 月 30 日

点校说明

本书《钱泰法学文集》是朝阳大学学者钱泰的著作。原作出版于民国。本着忠实于原著的要求，尽量少改动。必要的改动说明如下：

1. 为了方便读者阅读和理解，略微调整编排格式。

标题的顺序是：编、章、节。

要点的顺序是：第一、一、甲、(一)/(甲)、(A)、1、(1)、(a)，要点的顺序，无一定规。

2. 原著为竖排格式，故而其板式上所称的"左""右"，改称横排本的"上""下"。

3. 篇目选取上以民国出版后尚未重新出版者为主，内容选择上以与法律密切相关者为要，包括《国际私法讲义》和《法院编制法》。

4. 时移事迁，本书作者在民国时期发表的文章不一定符合当下我们所认可的学术观点，为了研究参考，我们予以保留，敬请读者明鉴。

赵刘洋

2017年8月20日

目 录

国际私法讲义

目　次

第一节　物权

第一款　所有权

第二款　地役权

第三款　担保物权

第二节　债权

第一款　由契约发生之债权

第二款　事务管理不当利得及不法行为发生之债权

第五章　死亡之财产转移

第一节　法定相续

第二节　遗嘱

第六章　附则：法人之法律抵触

第四编　国际诉讼法

第一章　本国审判厅对于外国人之管辖权

第一节　本国人诉外国人

第二节　外国人诉本国人

第三节　外国人诉外国人

第二章　诉讼手续法之依据

第三章　外国判词在本国之效力

绪　论

第一节　国际法之定义及性质

国际法者,各国交通间适用之通则,源出于自然法者也。

疏:国际法有略于理论而条文繁多者如日本是有偏重理论而条文简单者,如西洋各国是研究国际公法,须先明私法亦研究国法学,须先明公法也。国际私法之研究,不仅本国法须知,即外国法亦须知之。故各国学校,国际私法一科,多列于最后学年且研究国际私法有应注意者数点:(1)须有世界眼光。即立于第三者地位研究各国法之当否,如夫妻离异,各国不同。有许离婚者,有许别居者,有兼许之者,有全不许者,不可不就世界各国之法律加研究也。(2)须有历史眼光。法律之为法律,非偶然而成,皆由于习惯而进为法律。如中国重家族主义,西洋讲个人主义,皆由于自然。立法家不能左右之,不知历史则知法之由来。(3)须有哲学眼光。盖于历史之外,纯学理判断不可不明哲学也。初民时代无国家,人与动物无异,渐次组成社会国家,原有一定之理。盖非如此,无以生存也。既有国家即须有维持永久之通则,此通则即自然法也。自然法,非仅存在于国家,国际亦然。如国际各有主权以维持平和,不得互相侵权,莫非出于自然也。不过国内法之出于自然,于人民为维持永久计而承认之国际法之出于自然,乃从哲学眼光而来,非各国所承认,是其不同耳。盖法律为规定人类之法律关系而存在,凡人必有交际,有交际即有法律关系,有法律关系即须定为法律以维持秩序。人与人之间如此,国与国之间,国与国之间亦然,故国际法亦本于各国交际始存在也。

国际法之于两国间之法律关系,犹国内法之于内国人民两人间之法律关系也。凡居于同国之民,受同等法律政府之关系,其风俗习惯不甚相违也。然且有利益抵触之事,故一切法律关系必有种种法律之规定。以两国之对峙,风俗不同,习惯不同,一切利害又不同,既有交通,必有相对之义务,且不能免利益之抵触,其势然也。顾国内人民之法律关系,均为国内法之范围,如有抵触,固可以国内法律免之,独国家间之法律关系,则以独立为国家之要素。文明各国,各于其国境之内,制其法律,行其主权,绝不愿受外国之干涉。加以世界独立诸国,有同等之义务权利,并无一主权焉,驾于国家之上,为诸国所公认,足以指挥群邦,故国际之利益抵触,恒无法律以其平。国际法学者,有鉴于此,乃推求人类生存间自然法之通则,以求一解决之道,务使不妨各国独立之主权而又易于遵守,此通则者何?即国际法也。

疏:独立国家虽有一等二等三等国之别,不过世界之称谓就国际法观之,权义相同,犹之皇帝与乞丐,虽称谓不同,然其为完全人格(古昔奴隶又当别论)而对于国家之义务则一也,故独立诸国权义平等无驾乎其上而指挥群邦者也。

故国际法者,乃最高之通则,立于各国内法之上,以公平为前提,以解免各国法律关系之抵触者也。

疏:所谓通则为人类所应有,而自然存在者,犹之人饥则思食,渴则思饮。自然之理,不必成文,方为法律,而法律亦不必有制裁也。如各国民法中所认之自然义务,君主国宪法中之皇帝违宪均无制裁,能不谓之法律乎?况国际法非无制裁,盖世界舆论即制裁也,如我国人在旧金山受种种虐待,虽无对待方法,然自法律家公论言之,其为违反国际法也明甚。不但此也,德国大文章家某氏之言曰:将来之历史,即世界之法院也。我国人在旧金山所受之虐待,虽当时美人主张不为违法而将来成为历史,是非自明。现今欧洲战争各国莫不声言依据国际法而行可见法律为通则矣,乌可谓国际无制裁而否认国际法之为法律乎?

第二节　国际法之区别

国际法所以解免两国法律关系之冲突,既如上言,其大别有二。即国际公法与国际私法也。国际之冲突,有关于国际之公益者,例如,主权问题划界问题宣战议和遣使诸问题皆是。此等问题,皆以独立国家之名义行之,其利益之冲突,关于国家主权,纯属公共性质。

有关于国际之私益者,例如中国人在外国结婚,将依何种法律定其婚姻之成立否乎,关于婚姻之要件及效力,将依中国法乎,抑依外国法乎?又如英国人死于中国,遗留有不动产,将依何法以定其继承乎?将依死者国籍之英国法乎,抑依不动产所在地之中国法乎。国家为保护本国人民之利益起见,对于此类之冲突,理应出为处理,盖此类冲突,为两国法律之冲突,质言之,即两国主权之冲突,其成为国际之冲突者,职是故耳。惟利益有公益私益之区别,故国际法亦有公法私法之分。关于国际公益之关系者,为国际公法,故国际私法之定义曰国际私法者也,两国主权关于两国国民利益或关于两国私法冲突时适用之通则也。

或又为之定义曰国际私法者,关于不同国籍人民法律关系之法也。

然此定义殊嫌未协。因国际私法之所注意者,非两国国民私人法律关系之冲突。实两国主权之冲突,其分公私者,特因其冲突之利益不同耳。且国际私益之冲突,不仅国籍不同之国民有之,即国籍相同之国民亦有之。如上举两例,两中国人在外国结婚,关于婚姻之成立要件效力,应依何种法律,自属国际法问题,然两造固皆中国人也。又如英国人在中国遗留不动产之继承问题,虽继承人尽为英国人,不害其为国际私法问题也。

疏:国际私法之研究,即何时我国法行于外国,外国法行于我国之问题,最初为属人主义,近为折中主义,盖亦由人类通则而来也。惟所谓外国法行于我国者,乃以我国法律名义行之,即视外国法为我国法而引用之,与我国主权毫无妨碍,非若国内公法效力及于国境者可比,盖私法除不能通融者外,异国间可互用也。

国际私法与国际公法之异点有三:(1)国际公法之当事人为国家,国际私法之当事人为私人;(2)国际私法之通则,规定于国内法者为多;(3)国际公法无制裁方法,国际私法遇有冲突,国内审判厅应各依其本国法律审理之。

英美学者谓国际私法,仅为各国国内法之一部分,规定法律抵触适用之法律,此外并无国际成文私法为各国所公认。故国际私法,实为国内法而非国际法。此种学说,德法意诸学者皆不谓然,因国内法既有公法私法之别,则国际法亦应有公法私法之别。在国内法中,吾人皆知凡国家机关相互间或国家与人民之法律关系,属于公法,人民与人民之法律关系,属于私法。国际法亦然,凡国家与国家或国家与他国人民之法律关系,属于公法,人民与人民之法律关系,属于私法。国际法亦然。国际成文私法,现虽尚付缺如,而国际自然私法,则固不因之稍损,盖自然法之通则,往往为各国所默认。例如婚姻一项,凡内外国人缔婚于他国者,各国对于该婚姻之要件及效力,皆因缔约人之本国法而仪式则用所在地法。此为各国公认。国际私法自然法通则之一证。余例尚多。不可枚举。况国际成文法律,与国内之成文法律,同为时势所产生。国际私法,现虽尚在自然法时代,然时势所趋,或以条约之订认或以国内法相同之故,或以判决要旨相同之故,将来必有易为成文法之一日。加以国际私法之统一,较国际公法为易,因私益之冲突,究较公益之冲突为易解决耳。

疏:英美学者主张,实有误会之点。以为各国多规定于民法或施行法中,遂谓为国内法,殊不知究为何法,不能以规定于何种法中为断。应以性质如何而判焉。如中国将中立条规规定于国内法,能不谓为国际法乎?况国际私法为防法律之抵触,一方有适用外国法律,一方不伤本国主权。注重主权,非国际法而何?且遇有冲突无术解免,与国际公法无异(国际公法之冲突,除以无力解决外,别无他术,虽有所谓仲裁耳,亦虚语耳)。例如中国采血统主义,南美洲多采出生地主义,中国人生于南美,除条约外,无解免之法。国际公法既认为国际法,何独国际私法而不认为国际法乎?

关于诉讼法及刑法之部分,如外国判决书在我国所生之效力及引渡外国罪人等问题,将属于国际公法乎,抑属于国际私法乎?夫诉讼法与实质法相佐而行,民商诸法,如无诉讼法,则所谓法律者,从虚语耳。故关于国际诉讼法之冲突,犹关于国际民商法之冲突,同属国际私法,自无疑义。

至关于国际刑法之冲突,例如一中国人在外国犯罪,外国审判官捕之不获,逃回中国,中国法院将不论其罪乎,抑交还犯罪地之法院依外国之刑法审判乎,抑由中国法院依犯人之本国法审理乎?此等法律之冲突,属于公法抑私法学者聚讼纷纭,主张属于公法者,谓刑法注重于被害之社会,质言之,即公益也。故刑事诉讼以公诉为主,私诉仅属附带,不甚注重,且引渡罪人,大抵皆规定于国际之条约。主张属于私法者,谓刑法为两国主权之冲突。国际私法,固亦为两国主权之冲突,且罪人之审判,不仅关于公益,因所犯之罪,多有对于私人之名誉身体财产而犯者,而刑事诉讼关于被告人之身命名誉财产甚巨,不得谓仅关于公益也。折中派之意,则以为此种问题于公法私法皆有关系,宜提出另一国际刑法。

第三节　国际私法存立之要素

各国交通之事日繁,各国国内之法律,又至不一致,故有国际私法之出现,试分析论之。

(一)各国交通之日繁。近世各国互相交通,并互行承认外国国家人民之权利,故有国际私法。假如外国人并不与内国人来往,或外国人并不能享有权利,则国际私法实赘耳。

生民之初,人各自立,不知合群,握勃氏 Xobbes 之言曰:初民独居狠戾,对于他人,尤豺狼之待其类,殆非虚语。迨人类之欲望日奢,一手一足之烈,不足以养之,乃有组合成群之举。因其利益需要之相同,组成酋族,以图便利,然其视他酋族,仍以异类相待。故始则人与人为仇敌,稍进化则酋与酋与仇敌。

酋族之初成立也,自私其群,不许外人入,故其法律亦仅为本族人民相互交际或人民与酋长之交际而设对于他酋战争以外无交际也。及人类之竞争日亟,酋族不足以御外侮,乃有国家之出现,土地人民政府三者备而国际私法始有适用之时矣。

顾最初国家之国际法系仅仅公法及战法,例如,罗马之 Tctial 法是也。盖当时多以外国人为夷狄,内外国人不立于平等之地位,自诩为文明国之人,更不屑降尊以与外国人往来。耶教中兴,四海兄弟之说,渐入于人心。至法国大革命告成,乃有外国人民平等之宣告。洎乎今日,各国程度渐齐,交通日密,电线、铁路、轮船、无线电、飞艇等,错乎于地球之上。十九世纪以来,更有万国博览会聚世界之产物于一堂,而世界之大市股票交易所,更能使一国事价瞬息达于全球,遂使内外国人成为一家,国际连带关系已成事实。故各国之通都大市,无不有外国人之足迹,虽素闭关之国,不能禁外国人之临止。此等外国人有应享之权利,且有其本国之国家为其后盾,加以保护。将以何法调和外国人之权利、外国国家保护之权与本国国家独立之权乎?此国际私法之事也。

各国法律之差异,假使世界仅有一国,或各国利益相同,法律相同,则法律抵触之事必少,而国际私法所以解免此抵触者,将无存在之必要。然按之实际,则大不然,各国法律有大相差异者,有互相刺谬者。

不但国与国之法律不同也,即一国之内,往往有不同之法律。以往者,如法国革命以前各地有习惯法,德国之统一民法,仅自一千九百年起耳。现在者,如奥国之民法,不适用于匈牙利、克劳缔、斯拉伐尼、脱浪斯伐尼。英国之爱尔兰及多数殖民地,皆有特别之法。美国各洲,各有其州之法律。波兰及芬兰,虽为俄领,而仍存其旧法,皆其例也。此则不特国际之法律有抵触,即一国之内,亦能起抵触之事。

即使国内法律概行统一,而国与国之间,终难收统一之效。因各国之法律以其人民性质历史习惯地理位置之差异,多有特别之点,故拜斯嘉 Pascal 曰气候之转移,而善恶之解释,因之而异。

疏:拜氏乃法国哲学家,十七世纪人。

要之各国法律,不能统一之原因有二:(1)各国土地肥瘠贫富出产气候地理之关;(2)各国人民教育程度,宗教之关系。此二种之原因,不能一致,则法律不能一致,而抵触终不能免焉。

各国法律之不同,果有益于人类否乎,此又宜为研究者也。

疏:(1)为天然之原因如沙漠地方,不注重于关于土地之法律,如瑞士出牛油牛肉而注重畜牧之法律。瑞典挪威地冷,不适于耕种而多植树木乃注重林业之法律。(2)为人为之原因,欧洲各国国民注重最齐且高者,莫如瑞典挪威丹麦诸国,盖以其国小人少,教育最良故也。各国教育主义不同,法律因之亦异,宗教不一:(1)耶教白种人信仰之;(2)回教除白种人外,多信仰之;(3)佛教黄种人多信仰之教不同,法律亦异。如回教许一夫多妻,耶教一夫一妻,又回教女子出门用布遮之,耶教男女平等无此习惯。

假使吾人以世界之公益为前提,而于各国之人情风俗,概置不问,则统一各国法律,实为世界有益之举。例如本法下述国籍有一人有两国籍者,有并无国籍者,实于国家大有妨碍。而尤以厉行征兵制度之国为甚。故各国如能将国籍之取得与丧失,规定一致,岂不甚善。他如商法及海商法,亦克公订条约,渐趋一致,盖商法与兑换为世界通行之事,彼此习惯制度不甚相违,其他可期统一之法律,亦复不少。惟有大部分之法律,终为气候风俗所限,强而同之,窒碍实多。且各国并峙,实有彼此互益之举。假使世界仅有一国,法律固统一矣,然竞争之心减少,而人类之进化,且为之一中止焉。

(二)关于法律之抵触,如两国之上,有一宗邦,如美国、瑞士之两州,其上有一联邦政府,则解决固属易事。盖联邦政府固负解决法律抵触之责,然两国若系独立国者,则解决正复不易,此又为国际私法之事也。

疏:联邦政府有联邦法院司裁判各联邦法律之冲突,所以调停两邦法律之不同。而弭止两邦之争端也。又如英国殖民地俄国之芬兰等法律有冲突时,归本国最高法院裁判之。

国际私法存在之要素,为内外国人之交通,各国法律之差异,既如上言矣,然东方诸国,有一特例,则领事裁判权是也。

疏:内外国人虽交通而不认外国之法律,专用本国法律亦无所谓国际私法,如英国是也。惟他国不能与英国尽同。故有国际私法之必要。

领事裁判权者,以东西诸国风俗宗教之不同,关于法律之观念,背道而驰，西方人民决不能受东方诸国专制武断无定之法律，故有此特别之要求。使其人民虽在东方诸国，不受所在国法之管辖，此等特权，皆规定于条约。首当其冲者，为土耳其，次则埃及。而中国自鸦片之战，天津条约中亦经承认此项之要求。且较之土埃诸国，尤为加厉。承认领事裁判权之国，外国人虽在其邦，仍受其本国法律之管辖。内外国法既无抵触之机会，国际私法实无存在之必要，故本法为有完全主权之独立权立国而设，例外者勿论焉。

疏：现今存有领事裁判权者，只中国埃及土耳其及暹罗（英法已撤回，尚有未撤回者）而已。领事裁判权发生，(1)由于宗教不同，如回教多妻制与耶教不合，土耳其回教国也。故最先始于土耳其。(2)由于法律观念不同，西洋采法治主义，凡事皆有法令藉杜争执而期公平。盖以小人待人而人勉为君子也。若土耳其与中国，等向采人治主义，所谓人存政举，人亡政息，是非无法可据，曲直任人认定。法治国人民岂能受此专制武断，此西洋各国所以要求东方诸国许以领事裁判权也。

第四节　国际私法之法源

国际私法之法源有三：(1)各国之国内法律及例案；(2)明认或默许之条约；(3)国际私法家之学说。

（一）国内法律及例案。各国国内之法律，实为国际私法之最要部分。凡关于外国人之地位，两国法律抵触时，适用之法律，外国人之法院管辖，外国判决书及行为，在本国所生之效力，大抵皆于国内法中规定之。有规定于民法者，如法国、奥国、葡萄牙、西班牙民法是也。有规定于民法施行法者，如德国新民法是也。有规定于特别法者，如意大利日本是也。

疏：国际私法与各种法律均有关系，专定于民法或施行法中殊有未合。故以意大利日本规定于特别法，为当然关于国际法尚有未设规定者,如英美瑞典挪威丹麦等国。是故可归为两种:(1)英美系即属地主义。(2)大陆系即以属人主义为原则,如关于人法仍用其本国法。

至各国法院之例案,于国际私法,亦复大有裨益。盖法律仅能制定大纲,补助之解释之神而明之。是在例案,且关于国际私法之国内法律条文,大抵简单而不完备。故法院之职权特重,其所定判例之效力,亦复倍于他法。虽国家既无平等独立,决不能强他国遵从己之例,然对于本国之法院,国家固得行其意旨。故此项判决,虽仅对于当事人发生效力,实足为本国判决之先例。

疏:如英国全恃例案而裁判,即在法德等国之有成文法,而关于国际私法条文简单,法国三条,德国二十五条,日本二十八条,皆不足以适用全恃例案也。例案效力大小视一国之成文法多寡而定,故在国际私法不完备国家例案尤为重要也。

不仅此也。国际私法学者因研究各国国内之法律例案,得以周知各国对于外国人及外国法律之观念及其适用之意旨,藉可发明各国公认之通则,以为统一国际私法之预备。

顾法律例案,虽属重要,其效力往往仅限于一定之人民或一定之疆域。姑无论各国各欲扩其主权,不免有自私其国之嫌。即使立法家及执法官者,皆以最公平最自由之意旨行之。其施行力既限于一隅,于世界大体,终鲜裨益。故关于国际私益及各国法律抵触之调和,各国倘能互相协商,定一两利之道。以立于各国私法之上,则其功尤普,此条约之所以不可少也。

(二)条约。国家权利义务之规定与私人相类,私人间之法律关系,大抵由明订或默认之契约而成,国家间之法律关系,亦复如是。国家之交际,必待条约,非谓条约能造国际私法也。然条约能证明国际自然法之存在,规定其通则及其施行之效力。

国际之意思表示,亦有明认与默许两种:关于条约及国际裁判所判决书为明认;关于国际习惯法为默许。

(甲)明认之条约。条约者,为证明某项事件,经两国以上之意思表示者也。国际私法条约之种类甚多,有由两国订立者,如一八六二年法西条约,一八六九年法瑞条约是也。有由数国订立者,如海牙会议关于国际私法诸条约是也。

疏:法西均采血统主义,惟法国法规定西人生于法国满二十一岁,自愿为法国人时许之。而西班牙仍认为西人是一人兼有两国籍,而生征兵之困难问题矣,此条约定为二十二岁征兵已。在法国充兵者,四国即不在征,盖解免此冲突也。法瑞条约因法国以法院为本国人民而设两造,均系外国人不受理之,此乃法许瑞人有诉权也。数国订立之条约,如一八一五年保护著作权同盟(中国未加入),是海牙条约多为开门条约。如条约末一条规定愿加入者,只通知荷兰政府即可。

国际私法之条约,果何自而发生乎?盖遇有国际私法之抵触之时,各国法官往往各从其本国法处断。以法律之不同,常致处断之两歧。各国国民私人间之法律关系,遂感种种之不便。因其行为有无效力及结果如何,常因所在地而转移。世界各国有鉴于此,近来颇有统一国际私法之想。南美各国已于一八八九年,在孟德惟坦会议统一南美之国际私法。而欧洲各国,亦曾于一八九三年一八九四年一九零零年一九零一年,两开大会于海牙。除英国与土耳其外,各国特派员与会,会议之结果,订有条约三类:(1)一八九六年十一月四日关于民事诉讼法之条约;(2)一九零二年六月十二日关于监护人婚姻别居离婚之条约;(3)一九零五年七月十七日关于民事诉讼法之条约,以代一八九六年之条约者,及关于婚姻效力禁治产之条约。

疏:北美为撒克逊人,南美则为拉丁人,种族相同,习惯亦同,故统一国际私法之思想最盛。且因新造邦国无恶感而易于统一也。欧洲各国亦思统一国际私法而开大会者,十余国之多,惟英土未与焉。盖英国向为习惯法治主义，与大陆成文法主义不同，故未加入土耳其，因各国均有领事裁判权，无法律抵触之事，故亦未加入。

上述条约，不论批准国之多寡，及公益范围之大小，其效力仍有限制，因国际条约与私人之契约相类，必予承认，乃生效力，其未经批准者，仍不为所束缚耳。

疏：未批准之国家，如英国者，遇无先例，亦可以他国条约作为参考，然则此等条约于国际私法之功亦伟矣。

（乙）国际审判厅之判决书。凡两国以上之国家，遇有关于本国人民之利益，常有组织国际审判厅之举，或系特设如仲裁人是也，或系常设如埃及之国际审判厅及航船特设之审判厅是也。此种审判厅之判决书，国家不论其胜诉与否，预行承认执行，故亦为国际私法之法源之一。然其性质与国内之法律案相同，仅于当事人间发生效力。

疏：两国间关于人民之私益有所争执，固非必出于战争，然一味退让有伤国体，故用仲裁人以调和之。埃及之国际审判厅有地方厅与高等厅之分，由埃人与外国人合组之法官，虽由埃王任命，然仍请命于外国也。又大江流域贯于数国中之中流为公河，两岸归所属国，常因渔业越界而生争执，故有航船审判厅之必要。

（丙）默认之国际习惯法。习惯法者，以补成文法之所不及。国际私法成文法既少，则习惯法尤为宝贵。然国内之习惯法与国际之习惯法，性质不同，国内之习惯法，为法律性质。认为经立法家之默认者，国际之习惯法为条约性质，认为第各国之默认者，故国际之习惯法，仅于承认之国适用之，国内之习惯法则凡国民皆适用之。

国际习惯法既为默认之条约，将以何术证明其存在乎，是在博考各国交际之历史会议之记载，议院之决议及其他关于国际之公文，自能寻译一种默认之通则也。

（三）诸家之学说。国际私法之成立，诸家学说之功为多。十三世纪以来,如区分法则说之诸大家于本法多有发明,即近诸大家学说,于国际私法亦大有影响,俟于第二编中详论之。

关于现时诸家学说,有系官立性质者,如英国之皇室咨议会,法国之外交部国际诉讼咨询会,法国比国之研究国际私法抵触常设会,意大利之外交咨询会。会中诸员,大抵为国际私法之有名官家学说外,国际私法学者,往往或于学会或于著述中,发精当之宏议,以助本法之发达,其有功较官家学说尤巨也。

研究国际私法,必先研究比较法学,故文明各国,皆有各种学会以研究外国法律及法律之抵触。

最有名者为国际法学会于一八七三年设于比国之刚德,会中多欧美知名之士。该会每两年合集一次,研究法律之议案及解免国际私法抵触之办法。

法国自一八六九年起,设有法学比较会于巴黎,出有月报年报。又一八七六年于司法部中设有外国法律会与文明各国交换法律,搜集各国关于国际法及国内法律例案学说,并将各国现行法律次第译出,凡此皆于国际私法有裨益者也。

其余法国之月刊、国际私法杂志、国际刑法私法杂志,德国之国际公法、私法杂志,搜集各国关于国际私法之事实及各国学说判决,亦颇斐然可观。

第五节　国际私法研究之范围

欲研究外国人得在我国可为之事及应为之事,当先知何者为外国人及何以识别外国人与内即如知何者为外国人,则应研究外国人在我国应享之权利并应尽之义务,故第二编论外国人之地位。

外国人之权利义务,固已规定,然以何者为范围及将以何种通则处理之,故第三编专论法律之抵触。

外国人既有应享之权利,并已规定适用何种通则矣,将以何种制裁方法,实行保障外国人之权利,外国人之诉讼,将归何法院审理乎?将依何项之上诉方法执行方法乎,故第四编专论国际诉讼法。

第一编 国 籍

国籍者，人民与国家连接之关系也。凡人生于世界，皆应有一国籍，社会之成，固需众人之心思才力人生于世界，亦不能不需要社会之辅助。故依自然之通则，人之生存，不论社会之大小，必有所附属，俾得增长其智识，适用其心力。盖人类有天然之弱点，不能不自附于公共较大之团体，以为己助。人之不能无国，犹其不能无国家也。国者，特家之广义耳。故世界立法通则，凡人皆须有一国籍。然国籍为人民与国家关系之枢纽，既对于甲国有权利义务之关系，必不能再隶于乙国，故一人不能同时有两国籍，亦为国籍法之通则。

疏：国家认人民为人民，人民认国家为国家，为国家乃一种默认契约。盖国家保护人民，人民服从国家，二者相依而不可离，此国籍之重要不可不加以研究也。国与民族，有关学者主张民族主义，思以一民族成一国家，希腊意大利及巴尔干诸小国之独立，皆受此影响且波兰犹太已亡，而实际上仍是波兰人犹太人之称，以国邑灭亡，民族犹在，故也。就学理而言，固应以民族为国籍而实际则不得不以区域为国籍也。中国从前无国籍规定，汉唐以来，虽有户籍，而与国籍不同。国籍乃对外之观念介入其间，亲乡已成惯习，自不能与各国之爱其国，不愿其乡同日而语。不特此也，尚有商籍之称，对外毫无关系，对内徒滋纷扰。故国籍只对外言耳。又欧洲与中国古代有困难问题二：(1)有无国籍者，即闭关时代中国人生于外国，中外皆不认为国民是。(2)有二国籍者即中国人生于外国，中外皆认为国民。是因有此缺点，故国籍法上有二大原则焉，即(1)凡人皆须有一国籍。(2)一人不得有二国籍是也。盖国籍人民为契约关系，无国籍则无国家为之保护。有二国籍则对国家之义务有时冲突（如两国皆征为兵役），故各国立法皆依据此二原则而务免国籍之冲突也。

国籍之规定，有规定于宪法者，有规定于民法者，有规定于特别法者，中国之国籍法为特别法。

疏：规定于宪法者，如瑞士智利哥伦比亚等是，盖取郑重之意也。规定于民法者，如法奥意等，是以为规定于宪法仅有大纲，不免疏漏，不若详定于民法规定于特别法者，如德国、日本、中国、瑞典、挪威、罗马尼亚等。是以为民法纯为私法而国际法与公法私法皆有关系，不若规定于特别法也。

第一章　生来之国籍

第一节　生来国籍之依据

生来国籍，及国籍法之固有国籍，小儿出生时所有之国籍也。依凡人不能无国籍之原则，世界立法家，对于新生小儿利益之所在及其假设志愿，于其出生之时即给予一国籍，其有能力表示意思之时，始能由其自行变更国籍焉。

生来国籍，既以小见假设志愿，成为国家与人民间一种契约。然此

种志愿,何所依据而推测生来国籍,合各国立法家未能一致,大抵世界法律可分为两类:

第一类为出生地主义。凡小出生于本国之地者,即为本国人。此为封建时代之余波,当时谓人乃地之附属品及奴隶,故以见儿童出生地为其国籍。革命以前之法国,一八七十年以前之英国,现时之南美诸国皆属此类。

疏:惟瑞士尚有数州不采血统主义者不可不知。

第二类为血统主义。以血统主义为原则,以出生地主义为辅助,世界各国采此类主义者颇多。如中国、日本、俄国、法国、比国、意大利、丹麦、荷兰、西班牙、瑞典、土耳其、保加利亚诸国,皆属此类。英国、美国、葡萄牙亦属此类,但其立法微有不同耳。

疏:英国人生于外国认为英人外国人生于英国亦为英人,既非血统主义又异折中主义。法国国籍有种种条件如纽锡兰等处,因种种关系,多不愿生小儿,法国四十五年前四千万人至今并未增加,故法律宽其规定而英葡等国与法有条约者不同,谓之折中主义可依他学说定为第四类亦可。

第二节 血统主义与出生地主义之历史

希腊罗马时代,以父母之国籍为小儿之国籍,至小儿出生之地,于其国籍毫无关系。因此种国民深自傲大,不愿以国籍轻与偶生其地之人。且谓小儿之爱国心,须由其父母之国籍为之保证,故惟血统之小儿,乃能为希腊罗马之公民,其规定甚为严厉。依希腊法,惟希腊国民父母所生之子,乃能为希腊国民。依罗马法生来国籍,依下定二通则行之:(1)罗马正式婚姻之子,得胎时,父为罗马公民者,得为罗马国民;(2)罗马正式婚姻以外之子,以出生日母亲之国籍,为其国籍。

疏:罗马正式婚姻以外之子与现今私生子不同,不过不为罗马人而从其母籍耳。母为外国人子亦外国人,母为野蛮人,子亦野蛮人,母为奴隶,子亦为奴隶也。

日耳曼时代,不采用血统主义,亦不采用出生地主义。凡人与酋者之子,皆为日耳曼人。其父母为日耳曼人抑外国人,不问也。其出生地为日耳曼抑他处,亦不问也。其所注重者为酋族,时势然也。蛮族西侵,各据地以自固。封建制度,挟出生地主义以俱来,乃以小儿出生之地为其国籍。盖封建时代,人隶于地且采此主义有二:(1)王侯可得新臣民;(2)外国人之子,得免受没收遗产,Droit de aubaine 之例苛,故当斯时也,凡生于本国地者,不论其父母为本国人或外国人,皆为本国人。凡生于外国者,即使其父母为本国人,亦为外国人。

疏:此种制度简而易行,盖国愈野蛮,法愈简单也。行此制度免外国人不能继承财产之弊。

十八世纪之末,血统主义复活。迄至近世民族主义大昌,除南美各国外,世界各国或采纯粹血统主义,或采折中血统主义,要皆以血统主义为原则也。

疏:罗马法至十一世纪之黑暗时代几无人研究,既而复活,至十八世纪学者日众,而法国大革命又疾趋于法治且各国倡一主义计图结合即民族主义。意儒马希尼见意国分裂思并为一国,然因南北厉害不同,思以极高之学说与宗教同者而入于人心,乃收统一之效。盖近世国家之成功,民族主义与有力焉,当此之时,封建衰歇,民族主义风靡全欧,以人为主,以地为附,渐流所趋,除南美外,皆以血统主义为原则也。

血统主义与出生地主义之优劣,果何如乎?主张出生地主义者,谓其利益有二:(1)国家多一国,民即多一国民之用。不但征兵额众,且假使此等人民在外国继承财产,于国家经济亦大有裨益;(2)儿童于其出生地,往往有所依恋,拿破仑之言曰:外国人生于吾国,受我国之习惯,得我国之精神,宜其恋恋于我国也。然此二种理由,皆不充分。(1)国民不在多寡,视其爱国心何如耳。外国人之子,对于我国之爱情,终嫌薄弱,即强令服兵,亦未见必有利益。且外国人之子,往往其亲族多在外国,仍有爱外国之思想。一朝于本国继承有得,且将至外国。是本国之财产反流入外国矣。(2)凡人对于出生之地,不无依恋之思。是固然矣。然亦不能执为通常标准。盖爱国心之发生,非仅生于其地也。必须久居其地,其地之教育习惯风俗,皆与有力焉。否则凡不居于中国之外国人,游历我国时,偶生之小儿。皆将以我国人,谓其有依恋我国心乎?是则人之国籍,不系于爱情,不系于家族,而系于偶然。庯非奇事,且如各国皆采此主义,我国所得之人,与所失之人,正复相类,因他国亦将以我国人之子,为其国民也。

然则血统主义,实较出生地主义为优。虽初生小儿,未能表示其志愿,然以常情度之。小儿于其父母之邦,必多密切相关之事。盖小儿之父母,既为父母国之一分子,以言法律则对于父母适用之法律,必为对于小儿适用之法律,因法律依种族而成,小儿之种族,固即其父母之种族也。以言利益,则父母之利益。与小儿之利益,往往相类。使父子之国籍不同,则财产上之管理,正多困难,故推测小儿心理,当以从父母国籍焉正。假使此项推测,不合小儿之志愿,则小儿成年以后,固可变更其国籍耳。

第三节 中国国籍法采用血统主义之部分

中国国籍法,以血统主义为主,兼采出生地主义者也。国籍法第一条第一款、第二款为血统主义,第三款、第四款为出生地主义,小儿应随父之国籍,见于国籍法第一条第一款,其言曰生时父为中国人者,属中华民国国籍,但言生时,而不言出生之地。可见小儿国籍,于出生之地,并无影响。苟使其父为中国人,不论其父为中国人,不论其生于中国或生于外国,皆属中国国籍。

疏:中国法律只言父而不言母,虽根于习惯,尊重父统,然实际上亦殊便利也。各国法律多父母并重,甚且有从母统者如外猎兽,女居家治事。于是女子渐失独立之性,则男尊女卑之观念以生而父统尚矣。洎夫学理昌明,男女平等,不以强权论尊卑而以智识定优劣,法律者所以平强权也。当今之世,女子智识不及男子者,乃基于数千年习惯,女受束缚,不重教育。故也将来世界各国若瑞典、挪威男女教育相同,则男女智识同等,自不宜有父统母统之别。中国尚在宗法社会时代,虽不合理,论应定为从父统也。

故凡中国父母正式结婚所生之小儿,于其生时,父母为中国人,则小儿亦为中国人。至胚胎时父母为何国人,则不必问也。假使父母之国籍不同,则小儿应从父之国籍乎?抑从母之国籍乎?按国藉法第二条第一款为中国人妻者取得中国国籍,似母必从父籍矣。然父母异籍之事,殊不能免例如第十条但书归化人之妻,仍为外国人。又第十二条第一款为外国人妻而未取得其夫之国籍者,仍为中国人。考各国通例,父母不同籍时,多以父之国籍为准。中国国籍法第一条第一款。明言父则小儿生时,母为中国人与否,更不成问题。

疏:土耳其法律外国女子为土人之妻,不认为取得土国国籍。设土人娶中国女子为妻,将若之何?关于此点,中国国籍法有明文规定,仍为中国人。假使该夫妻生子为中国人乎抑土国人乎?比国学者某氏谓:宜使小儿自择。然小儿初生,无选择能力,若至成年,始行选择,则未成成年前为无国籍人。此说虽合理,论而不便事实,故尚无采用之也。

中国立法重要父统者,因习惯之遗传。且以小儿承受父族之姓,其利益与父相同者为多。故推测小儿之志愿,以父为准,假使小儿他日愿入母籍者,固可俟其成年后自择耳。

疏:从母籍者,必一夫一妻之国方可采用。若回教国与中国等许一夫多妻则妻之国籍不免歧异，所生之子复使从母籍，势必一家子女为数国国民，不便孰甚焉。况婚姻一事，各国法律明定从夫，可见男尊女卑之痕迹犹存，且父母俱存之父之关系，较切法律从而推定从父籍未始非当也。

小儿之国籍，应从胚胎时计算乎，抑从出生时计算乎，各国学者聚讼纷纭，然胚胎之时，至无定准。不若出生时证人众多，显而易见，故中国国籍法取出生时主义也。

疏：小儿胚胎时，与出生时父籍有变更者，应从何时之籍？学说凡三：(1)胚胎说。小儿自结胎时起，与父脱离关系即父死亡与小儿之生存无干，况变更国籍乎。且罗马古法及日本之入夫养子皆依此说，则此说妥当可无烦言而解矣。(2)利益说。谓小儿胚胎时与出生时，父籍变更者，应视何时利于小儿即以何时之父之国籍为其国籍。(3)出生说。谓以出生时父籍为其国籍。以上三说，前二说为均不妥当。盖胚胎时之计算甚形困难，何时胚胎至无定准，徒生争执，鲜有实益。后说则无此弊，如小儿出生有产婆医师等为之证明，且各国生子皆于官署登记，不但认小儿取得人格之证凭，且便于国家之人口统计及征兵。凡此皆足以证明小儿出生之时期也。

中国取父统主义，故依第一条第二款，但使其父死时为中国人，则小儿为中国人，不问其母之国籍也。

第四节　中国国籍法采用出生地主义之部分

凡采纯粹血统主义之国，往往失之偏狭，中国国籍法兼采折中主义，故凡生于中国地者，若有下列二项情形之一时，亦属于中国国籍。

疏：纯采血统主义如德国者，不免有偏设。生于德国之小儿，父母均无可考，或无国籍，则为无国籍人，故各国有折中主义也。

(一)父无可考或无国籍。其父母为中国人者，中国国籍法以父统为准。亦有例外。假使小儿之父无可考或无一定之国籍,不如使从父母之为得耳。日本国籍法亦有此规定,然中国与日本不同之处,有一要件,即小儿必须生于中国地也。假使小儿生于外国,父无可考或无国籍,虽母为中国人,中国法不认小儿为中国人矣。

疏:此种规定似采母统主义,实则出生地主义也。假使生于外国,虽母为中国人,亦不认小儿为中国人。日本未言生于何地则母为日本人,无论生于何地之小儿,均为日本人自不待言。

(二)父母均无可考,或均无国籍者。凡生于中国地,而父母均无可考者为中国人否乎,此为未经认知之小儿,立法家以其生于中国地,假定其为中国人,因居于中国地者,大半皆中国人,则小儿之为中国人自在意中。

疏:此纯为推测之规定,如小儿不愿为中国人,仅可寻其父母请求认知。

假使其父母均可考,惟系无国籍之人,则小儿仍为中国人,因小儿之所承受于父母者,国籍其一也。假使父母并无国籍,则小儿不可再为无国籍之人,故各国通则,皆以出生地为其国籍也。然以上两项之国籍,皆仅系暂定。假使经小儿之父母认知,其父母为外国人者,或其父母之国籍经裁判确定者,则小儿之国籍将随之而变更焉。中国国籍法有一确点。即未及弃儿是也。因第一条第三款、第四款之小儿,必其确生于中国之地乃为中国人。假使路上拾有小儿,并未知其生于何地者,依各国法律,大都以拾得地为其国籍,而中国则无明文规定。

疏:各国国籍法有遗弃小儿,从拾得地国籍法之规定,中国无之假使界,我之俄人,以儿弃于中国地上或外国船舶中人,将儿弃于中国岸上实际不能证明其是否生于中国,固可依据国籍法第一条第三款、第四款,假定其为中国人似无何等困难,然如其父母亲戚来认,则中国审判官既无可据之法即无术以证明,而外国又以其无出生证不认为本国人,方见困难矣。

第二章　取得之国籍

上章所论，为生来国籍，小儿生时固有中国国籍也。本章所论，为取得国籍外国人变更取得之中国国籍也。变更取得国籍有二：(1)法律之规定；(2)归化。两种取得国籍不同点甚多。其最要者，凡外国人因法律规定而取得中华民国国籍者，为其应享之权利。但使合于国籍法第二条第一、二、三、四款之情形，中国国家无术禁止其不取得中国国籍。归化则不然，为国家一种之特许。即使请求归化人具有种种之条件，内务部有许可与否之全权，请求归化人不能以其无故被却，强欲取得中国国籍也。

疏：依法律规定而取得国籍与因归化而取得国籍不同之点甚多，国籍法第二条第一款至第四款之取得国籍乃中国国家愿其为中国人，不问其愿否也。而归化则出于本人自愿不能强制之，其不同一。合于第一款至第四款情形之一时，即有取得中国国籍之权利，中国不得拒绝之。而归化之特许乃出于恩惠可许可不许外国人，不能作为权利而要求之，其不同二。归化人有不得为某某官员之限制而依法律规定取得国籍之人与本国人同，自无此限制，其不同三。

第一节　法律之规定

法律规定取得之中国国籍有三：(1)为中国人之妻；(2)认知之私生子；(3)养子。皆原出于亲族法，并无住所种种之条件，且不受国籍法第十一条之限制。但使有上列三款之一，即为中华民国国民也。

第一款　为中国人之妻

一家之内，为保全夫妇之安宁，家庭利益起见，自不宜有两种之国籍，故各国立法家，于婚姻成立之时，赋予夫妇同一之国籍。但此国籍，不能以妇之国籍为准，因各国通例，妇宜从夫，女子出嫁后从夫之姓及其住所,则从其国籍也亦宜。

国籍法第二条第一款曰外国人为中国人妻者,取得中华民国国籍,凡外国女子但使其与中国人结婚,即取得中国国籍,不必俟政府之许可及其他行政之处分也。

疏:中国结婚无正式不正式之分,虽习惯上有以轿娶拜堂为正式婚姻之仪式,然非法律之规定。西洋各国关于出生、死亡、婚姻等事项,皆有证明方法。而宗教国家又多特别之仪式,成婚与否证明甚易,外国人为中国人妻无证明方法,设一旦失睦,外国女子主张非中国人妻,殊难解决也。

国籍为国家与人民之间一种契约。前已言之,此项规定迳与外国女子以中国国籍是否与契约之说相背,曰不然。婚姻之要件,为男女之志愿,当外国女子与中国人结婚之时,固已熟筹利害,早已默许离其固有国籍,而从夫之国籍。假使其对于固有国籍依恋未舍,固可不缔婚约耳。故妇从夫籍仍为推测之默许志愿,与契约之要旨无妨也。

此项推测之志愿,能否由夫妇间结相反之契约乎,学者之说不一,否认者谓法律与妇以夫之国籍合乎婚姻原则。谓公开秩序之所关,夫妇间不能以私约反对之。故外国子女无论如何,不能违背法律之意,于婚姻中声明保存其固有国籍也。许可者,谓国籍法第十条但书归化人之妻及第十五条丧失国籍人之妻,未必皆随夫之国籍为转移。是婚姻之中,夫妇同一之国籍,未必即为违背公共秩序,故公共秩序之说不能成立。此项法律规定既系假设妇人之志愿,苟使妇人有相反之志愿,法律自不能束缚之耳。

疏:此二说虽各有理由,而以后说为当。盖法律性质有二:(1)关于统治权者,如刑法是以其有命令性质,不能以契约违背也;(2)关于契约之性质者,如民法是,往往有当事人,有特约者不在此限制之规定是。民法多推测当事人之意思而补充规定,苟当事人有特约,应从其特约。

第一目　为中国人之妻取得国籍之要件

凡外国女子为中国人妻,取得中国国籍着,须备下列之条件:

(一)有结婚之能力。各国通例成年有能力者,始得以为己意变更其国籍,然女子结婚大都未及成年,惟以婚姻之故,得变更其国籍,为婚姻之结果。但使法律上子女有结婚之能力,则立法家以上列种种之原因,特许其变更,故最要者,女子须有结婚之能力。其有能力与否,应以女子之本国法为准。假使其本国法许女子十五岁为及婚年岁,虽中国民法草案女子十六岁时始许成婚,固应认其有结婚能力耳。

疏:罗马法有言曰:"能作一行为即能作他行为。"未成年人无结契约之能力,自不能变更国籍,惟女子虽未成年,既有结婚能力,而与他人订婚约,即应许其变更国籍,立法精神方能贯彻也。

(二)须为有效之婚姻。凡婚姻要件未备,其婚姻无效,或经审判厅撤销者,则当事人间之婚姻,从未成立。婚姻之原因,变更国籍为结果。既无原因,则结果无由而生,故无效之婚姻,不能使子女变革其国籍也。

疏:婚姻无效有绝对、相对两种。绝对无效,如未至官署签名及男女志愿未合之类是;相对无效,如未及婚年及亲迎结缡之类是。前者婚姻从始未成立,不待撤销。后者须求法院撤销之,始为无效。惟婚姻无效溯及既往与其他之法律效力不同,故英女十三未及婚年与中国人结婚后被撤销,则从始未变更国籍,而为中国人也。但追溯亦有困难之点,如诈称已及婚年,欺蒙相对人而婚姻嗣。因撤销而从始无效于被欺者,往往不利各国法律,所以认被欺人为善意当事人,不追溯其利益之点而追溯其不利益之点也。如因婚姻而继承财产仍为有效,盖取善意当事人利益主义也。

第二目　为中国人之妻取得国籍之效力

外国女子因为中国人妻,取得中国国籍,其国籍之取得,自应从成婚之日起算,成婚以前彼固外国人。

疏:仅婚姻预约成立,尚不能取得中国国籍。

婚姻消灭以后,女子仍为中国人乎?关于撤销之婚姻,法律上始终未承认其变更国籍,自不成问题。然夫死或离婚以后,婚姻消灭,国籍随之变更否乎?曰否。国籍法第十二条关于中国人丧失国籍规定甚详,然并言及为中国人妻取得国籍者,于夫死或离婚后丧失国籍之语。因外国女子与中国人结婚,由其默认之志愿,取得中国国籍,苟未表示相反之志愿,于婚约中订明保守固有国籍或依第十二条第四款归化于外国,自不能以婚姻消灭之故,并消灭其取得国籍。况国籍不特母子有异籍之嫌,且假使其本国法不认其回复国籍,则此妇将为无国籍之人矣。

疏:或谓妻取得国籍以婚姻存在为条件,夫死或离婚则条件已失,国籍自应随之变更,然法无明文自不能采用此说,且强为采用必生困难也。何则各国法律有规定,嫁外人之女子婚姻消灭后仍为本国人者,有规定,须经请求方为本国人者。前者固无问题,后者则当未请求之前而为无国籍人矣。无国籍人为各国所不欲,岂可俾已取得国籍者,复变为无国籍者耶。

第二款　认知之私生子

本款所论,专系于外国地之私生子,经中国父母认知者,其生于中国地之私生子。依国籍法第一条第三款、第四款,生时即为中国国民,不待认知也。若生于外国地,而中国父母,概为认知。则仍为外国人,亦不在本款范围内也。

关于认知私生子之国籍,中国仍采取血统主义,然与嫡子生于外国者,生时即取得中国国籍,私生子生于外国者,必认知乃取得中国国籍。私生子认知之条件,于民法中规定之有经其父母自愿认知,有经私生子请求认知者，然其发生亲属之关系则一也。认知私生子，有仅经其父或母认知者，有经其父母同时认知者。有经其父母先后认知者，试分论之。

（甲）私生子仅由其父或母认知者。凡仅经父或母一方面认知之私生子，惟对于认知者，生亲属之关系，并取得中国国籍，故依国籍法第二条第二款、第三款除为外国人妻之私生子外父为中国人经其父认知者，取得中国国籍，父未认知，母为中国人，经其母认知者，亦取得中国国籍。

疏：为外国人妻取得其夫之国籍者，盖防与外国法律冲突且贯彻夫妻同籍之主义也。此等私生子即使因认知而取得中国国籍，而为外国人妻已变为外国人矣。故现为外国人妻之私生子虽即认知，亦不得取得中国国籍，方合立法之主旨。

私生子之认知，系宣布行为。盖认知非产出亲属关系，但证明亲属关系耳。依法理私生子认知后，应自其出生日起，追溯取得认知者之国籍。惟实际上追溯取得国籍，于私生子之身份利益及相对人之利益，甚有窒碍。各国立法家有鉴于此，有规定未成年之私生子，乃能以认知变更国籍。其已成年之私生子认知，与国籍毫无影响，如已成年之私生子愿从认知者之国籍，须从归化之通例，法国民法第八条第一项其例也，中国民法同此规定。否则凡私生子经中国父母认知者，不论已成未成年，皆取得中国国籍，其结果使生于外国之私生子，得于五十岁后，因其父母之认知，而变更而变更国籍殊嫌未协耳。

疏：宣布行为对赋与行为而言，如养子之亲属关系，乃新发生者赋与行为也。私生子本系其子，不过因认知经法院宣布，证明其亲属关系耳。若已成年之私生子，因认知而变更国籍，又为未成年则以前之法律行为有效与否，殊难解决也。

（乙）私生子经其父母同时认知者。私生子经其父母同时认知，如父母之国籍不同,应从父籍,或从母籍。学者之说不一,谓应从母籍者曰罗马之时,私生子实从母籍,且私生子于母之关系,较为明显。民法有不许私生子请求认知其父者,未有不许私生子请求认知其母者。盖母之证据,得以种种方法证明。而父子之证据,则至为无定。且父之认知,或出于愚骗恋爱惟母则不至有此情形。谓应由私生子自择者,曰关于认知父母既同时认知,则私生子对于其父母不应有轩轾,视其利益之存在,听私生子自择耳。谓应从父籍者,曰关于父之认知,虽有愚骗或他情形,但使私生子不提出反对之诉讼,法律上应认其为真实之父。且关于私生子之亲权监护等与嫡子同一规定,皆属于父,则国籍从父也固宜。中国国籍法虽无父母同时认知之规定,然依法经中国父认知者,皆为中国人其母之属于何籍,不必过问,固从最后说耳。

(丙)私生子经其父母先后认知者。依中国国籍法私生子从父籍之通则,凡父未认知者,始从母之国籍,余则均从父之国籍,故父认知者,固从父之国籍。即母先认知,经其父后认知者,亦从父之国籍。例如私生子先经英国母认知,依法未英国人,嗣经中国父认知,更为中国人。私生子以认知之故,频换其国籍,殊于社会不利,此亦中国法之缺点也。

疏:按各国通例,父母先后认知者,从先认知者之国籍,所以防屡易国籍,而不利于私生子之弊也。我国国籍法特着眼父籍,不计屡易国籍之弊,殊嫌未协。

认知私生子之国籍,应从胚胎时起算乎,出生时起算乎?抑认知时起算乎?假使私生子之父母,于其出生时为外国人,认知时为中国人,则私生子将为中国人乎,夫胚胎之时,至无定准,私生子之认知,系宣布行为,亲属关系之存在。实自出生时起,则自出生日起算,实于法理最协。然中国法并无规定,但言父为中国人母为中国人,推立法者之意,或系指认知时而言,故凡归化中国之外国人,得以认知行为,使其认知私生子为中国人也。

疏:关于此学说,不一有谓父认知,应从胚胎时起算。母认知则从出生时起算者,有谓原则均由出生时起算。惟于私生子利益时,则从胚胎时起算者,有谓无论何时皆从出生时起算,通常多采后说。而我国籍法未设定规解释上应从认知时起算,殊不合法理也。

私生子中之奸生子,法律不许认知。永为父母无可考之人。即不能以认知行为取得中国国籍也。

疏:因重婚或近亲奸通所生之子,为奸生子,法律上委为不知,不许认知。盖以前者各国视之甚重,后者乃人伦之恋也。然有时法律不能不知,因重婚而前妻告诉法院,既知其人,则法律上已认国有其人矣,此种情形父母负教养之义务,固己愿能认知否乃一问题。依学理言,此人既享有教养权利,且可以继承,其以认知而取得国籍宜无不可。

第三款 养　子

欧美养子大都第为承受家产起见,虽冠养父姓于已姓之上,于其本宗并未断绝。继续为本宗之一分子,承受其义务权利。故各国立法,养子大抵不能取得养父国籍。中国日本重家族主义,养子情形,与欧美不同,故日本已有取得国籍之规定,而中国人取外国人为养子时,国籍法第二条第四款亦许其取得中国国籍,然以毫无关系之外国人,但以养父一人之志愿,得令其不受归化条件之限制,加入国民团体之内,于国家前途,不无危险耳。

疏:西洋重个人主义,东洋重家族主义,故养子之观念因之而异。中日养子甚多,英国无养子制度,法国、比国虽认养子,不从养父之姓,不过冠养父姓于养子姓之上耳(如王养李子则曰王李)。且有种种条件,如子须成年,又须法院许可之类是。养父之得养子,意在与以财产,无承祧意味。而中日反之,养子从养父之姓,而与本宗脱离关系。养父之欲养子也无何等限制,且以祭祀为重,承祧为先,岂仅与以财产而已哉。惟我国籍法于养子规定,有不当之点不可不研究也,外国人归化。我国须合条件且须具有经内务部许可规划后,尚有不得为大总统等之限制。而养子则毫无限制,倘其人品行不良,将若之何。又私生子之认知尚有非成年、非外国人妻之限制,而养子则否。苟养父串通养子为不利于之国家行为,又将若之何。既有种种关系而法律毫不设限制,不当孰甚焉。

第二节　归　　化

国籍之赋予,为契约性质。非强迫性质,含齿戴发之伦,生于世界,皆有发达其精神身体之权,此乃自然法之通则。故设有人愿离其宗邦,求于他国觅种种之利益,为其宗国所无,而其人视为生活之必要者,法律上自不能加以禁止。虽然新国籍之取得,与国籍之舍弃,应加以种种之条件,其用意或所以限制浮浪之人加入本国,或所以预防无国籍之弊,或所以证明当事人实有归化之决心,要皆为立法家所宜注意者也。

疏:古昔轻视外人不许外人归化,亦不许本国人出籍,嗣以种种原因颇感不便。而归化之学说于以大兴,盖人之生于某国,认为某国人乃推定的,苟成年后有易籍必要,法律自宜允许之也。虽然不可无限制焉,故各国法律于一方允许外国人归化他一方,设种种限制以维持社会安全也。

归化之定义,有广义有狭义。依广义言之,凡本章所言取得国籍皆是也。以狭义言之,归化者,凡外国人志愿取得国籍,经国家行政处分许可者也。

疏:广义尚有二:(1)最广义则本章所述之认知私生子为中国人妻,为中国人养子皆包括之;(2)次广义谓私生子原与中国有关,不过经认知而明确其关系耳,不得谓为归化,至养子及为中国人妻,仍归化也。

第一款　归化之历史

古时不许本国人出籍,更不许外国人入籍,至于近世,归化之义大昌，人民皆得自由变更国籍，为国籍法之一大原则。

（甲）希腊时代。李钩格之于斯巴达也，惧外人入，或将变更其风俗消磨其武气，外人入籍，悬为厉禁，并不许本国人出籍，故斯巴达国，并无归化之制。沙隆之于雅典也，法定外人有大功于国家者，始得请求归化，其功绩之大小，须询之国民，由国民于九日内投票三次决定之。请求归化人得有六万票许其归化者，乃由五百院核许之。最高法院遇有特许人违法时，并得随时取消，凡归化人之室家财产，须经迁入雅典，或在其本国曾受永远之出境宣告归化人之权利。较逊于生来之雅典人，关于遗嘱政务员及祭祀员皆有限制，须三世后乃与雅典人一律。

疏：斯巴达有一特例，乃外国人某氏勇敢无敌，斯巴达与人战争非某氏不能破敌，于是请某氏出战，如果获胜无不许之权利。而某氏要求入籍亦许焉。又李钧格沙隆皆立法家，故明定律文禁止归化也。

（乙）罗马时代。罗马之时，有普通之归化，有个人之归化。普通归化，皆由政府特许个人归化。除年满三十岁依法律释放之奴隶，当然取得罗马国籍外，其余外国人归化之道有二：（1）特许。最初时代特许由国王提议，经国民全体决议之。共和时代，特许以法律行之，帝政时代，由君主许可之。（2）沿误。凡罗马人与外国女子结婚，误认为罗马女子，得于法院前证明其误点。为其妻子取得罗马国籍，雅典罗马全盛时代，视国籍甚重及其衰也，有将雅典罗马籍售与外人者。

疏：罗马武功称最，凡征服各国之城市内人民皆许其他归化而为是为普用归化，官吏犯赃中外所禁，古今所同，罗马时告发官吏犯赃情节属实者，许其为罗马国人。西历二百十二年之命令，凡在罗马之外国人皆许其为罗马人，盖当时租税如继承税、奴隶解放税皆须市民完纳，故有此命令也。

（丙）中古时代。承罗马之遗风，归化之举，大都经君主之特许，间有须经法律之许可者，如英国是也。特计有普通之特许，有个人之特许,其用意要皆以增国库之收入耳。

疏:中古时代归化之举始于日耳曼,彼时尚为酋族,凡归化者须在酋族十二年,经公众许可且有不准选举及充兵之限制,渐由酋族而选为国家时,代各国承罗马法之遗风,凡归化须君主特许或法律许可。前者如德国,后者如英国。然其许归化者,一则奖励有功之人,一则多获租税,因归化许可视归化之财产而课租税也。普通之特许,如一城一镇之特许是。个人之特许,如君主特许某某归化是。

(丁)现今各国之法律。近世各国归化之规定,大抵可分为三类:(1)国家与归化人两方面纯粹出于志愿者,例如英、法、德、比、意大利、瑞士是也;(2)归化为外国人之权利 但使外国人具有某种条件,国家即不能给与国籍者,例如美国、希腊是也;(3)强迫备有某种条件之外国人,令其入籍者,例如南美各国是也。中国归化双方面纯为志愿之行为,当属于第一类。

疏:就法国归化言之,凡在法国住一年者,或在娶妻者,或能自谋生活者,或养一老人者,皆许其归化为南美各国。凡外国人娶南美女子为妻,或在南美置有不动产者,即为南美人。美国欢迎欧洲各国人入籍而独排斥黄种人,不但对中国,即日本亦在排斥之列。盖与雅典同意,宇鸣文化高尚,不准文化低之国民入其国籍。南美洲对于黑人尚许入籍,享有选举权,而美国并黄种人亦加排斥,实吾人大耻之事也。

第二款 归化之条件

凡外国人归化中国者,通例须备下列五项之条件(国籍法第四条)。

(一)继续五年以上在中国有住所者。凡归化之人,必须于中国有住所,以见归化人于中国实有密切之关系,非空言依恋已也。关于此项之规定,各国有居所住所之不同。有以居所论者,如德奥塞尔昆亚是也。有以住所论者,如荷兰、葡萄牙、匈牙利、瑞士暨南美各国是也。有但须于归化后,指定住所或居所者,如意大利、罗马尼亚是也。年限长短,亦不一致。多者为十年,少者乃至一年。

疏:一人往往有数居所而住所则一。各国关于此之规定,有居所、住所之不同抑亦见限制。归化之宽严矣,至于年限,十年失于多,一年失于少。盖以三年、五年为较当也。

(二)年满二十岁以上。依中国法及其本国法为有能力者。依国籍法通则,惟有能力之人,乃能变更国籍,因变更国籍,必须表示志愿,而无能力之人,例不能表示志愿也。无能力者,依通例有三:(1)未成年。各国国籍法请求归化,必须成年。中国既有二十岁之规定,又有能力之规定。设依其本国法二十岁尚为无能力者,自不能取得中国国籍。(2)妻。关于妻之归化,各国往往有经其夫许可。准其单独变更国籍者。中国则不然,国籍法第五条依日本法规定外国人之妻,非随同其夫,不得归化,所以防夫妻异籍之弊。(3)禁治产。禁治产依各国法无能力,应不准其入籍。关于能力问题,中国法外,兼以其本国法为衡。惟无国籍人归化,始专依中国法定之。

疏:请求归化,一须成年,二须有能力,此各国所同也。未成年人知识尚未发达,即为普通法律行为尚须法定代理人,况归化乎。妻则隶于夫权之下,为家室和平计,自以夫妻同籍为宜,禁治产人,不能为法律行为,自不能请求归化。惟精神错乱无常之人,当精神回复时,与他人所为之法律行为为有效。故已顾此时可归化否,法无明文,就国家利益言不宜使之入籍。盖以其精神常不健全,既无益于国,且证明其精神状况甚困难也。英美国学者谓归化一事,国家有许可与否之全权,非契约只行政处分耳,不发生能力问题。实则不然,归化有二方面:一为请求;一为允许。尤之司法上,契约一方要约一方承诺,则归化性质为契约,无疑契约为法律行为须以能力为要件,又无疑惟能力问题须依本国法乎,抑依归化国法乎？学说不一，有谓依归化国法者，其理由以为既归化则与本国无干，自应以归化国法为准也。有谓依本国法者，其理由以为当归化前一切行为皆依本国法，而能力问题亦应依本国法而定。此说固优于前说，但仅依本国法而不顾归化国法，往往生困难问题，如土耳其十六岁为成年人，中国二十岁为成年人。今有十七岁士人归化中国反无能力矣。故葡萄牙、日本有鉴于此，而定为依两国法，皆为能力方准归化，中国采之。

（三）品行端正者。本款所以限止浮浪无赖之人混入国籍，故凡于其本国受徒刑之宣告及其他声名狼藉之人，皆不能取得中国国籍。

疏：品行端正一语无一定标准，全由国家自由裁量。在外国有具体规定者，如那威褫夺公权者不准归化，墨西哥犯海盗条例者不准归化之类是。我国籍法概括规定范围较宽，如外国无政府党理想虽高，而其言论足以失社会之团结力甚。至无国家，而以物为世界公共之物，无所谓所有权，亦无所谓强窃盗，殊有碍国家之安全，故此等人可包括此款，而不准其归化也。

（四）有相当之财产或艺能足以自立者。使归化之人，不能自食其力，则国家增无数游民，社会即增无数恶果。故本条规定，归化人或有财产或有艺能，必足以自赡其身家，乃许其取得国籍。

疏：英国城布中之乞丐，官府有抚养义务。法国对于穷人患病，官府为之疗治，死则与以葬费，此种费用出自国民，用养本国人犹可，而养外国人则不可，故各国皆有此款。且南美各国尚须在其国置有不动产，方准归化，中国以除教堂外不准在中国买不动产，故无此规定也。

（五）本无国籍或因取得中华民国国籍即丧失其本国国籍者。欧美各国大抵无此规定，往往有甲国认其入籍，而乙国并未认其出籍者，遂生无数国籍之冲突。中国与日本有鉴于此，以明文规定所以免一人二籍之弊。

疏:德国国民出籍须有许可书,若无许可书之德国人具备条件而归化中国,则为二国籍。又有许服完现役军役方准归化外国者,否则不准,苟犯此禁而归化外国亦为二国籍人。故中国仿日本国籍二国籍之弊,设此规定也,惟实际证明失本国国籍否,亦一难事,我国籍法未设规定,不免滋弊。据余所见,应设须公使或领事证明出籍之规定也。

我国籍法归化之条件已如上述,兹复就各国略言之,国家又联邦国、单独国。如英、法,只其政府许可即可归化。而联邦国,如德、瑞,须经归化国及联邦政府许可方可归化。法国据一八八九年法律:归化须年满二十一岁,在法国三年,有住所者(法国外人之住所须司法总长许可),经司法总长呈大总统许可,至其效力则十年内不准被选为国会议员,但有勋劳于国家者不在此限。盖国家非优秀分子不能图强,如大学问家、大实业家,各国皆其来,故不设条件准其归化也。英国一八七零年法律:归化须在英有居所五年或在英为官五年,且须宣誓,而由内务卿许可。意大利民法第十三条:归化以命令许之,无何等条件,惟无选举被选举权之限制而已。比国分大小归化,小归化许命令许可,须满二十一岁,五年有居所,无选举被选举权,并不得为总长。大归化须法律许可,并须二十五岁,居所十年,若已成婚者,须居所十五年,权利无限制。法国从前亦采大小归化制,后废之。德国归化须联邦政府及归化国政府许可,其条件:(1)须有能力即成年非禁治产等,或无能力经法定代理人之许可;(2)须品性端正;(3)须在德国五年有住所;(4)须有自活能力条件。虽严而权利亦宽,一经归化与德人同。瑞士归化须联邦政府及各洲各城许可,只住所二年即可,无他条件。美国须经联邦政府许可,须居所五年,其最后一年须在该地高等法院管辖区域内方可,须品行端正且须宣誓,至其效力七年内不得为上下院议员,终身不得为总统。

上列条件皆为通例归化人应备之条件,然有例外者,所以示殊异

也。例外有三,试列举之:

(甲)不须备第一条件即不须继续在中国有住所五年以上,然其余条件仍须完备之归化人(国籍法第六条)。

1. 继续三年以上在中国有居所,父母或妻曾为中国人者。

疏:父为中国人归化外国或母为中国人嫁于外国,或妻为中国人因出嫁而变为外国人,若其子其夫愿归化中国,无有住所条件。盖父母或妻会为中国人,必常谈及中国其子或夫籍,以感念而来归化,自宜宽遇也。

2. 生于中国地,继续三年以上,在中国有居所或生于中国地,父或母生于中国地者。

疏:外国人游历中国生子,固无关系。然生于中国又继续居住三年以上,与中国关系自切,可不问住所矣。至于两代生于中国并三年以上之居所,亦不必问矣。

3. 继续十年以上在中国有居所者。

疏:既住十年以上,则其恋爱中国心可知,虽无血统关系、出生地关系,亦可认为例外而不论住所也。

右列各款之外国人,更有一通共之条件,即须现于中国有住所是也。以上各人,或以血统之故,或以出生地之故,或以久居中国之故,与中国有密切之关系,故其归化较常人为易。

(乙)不须备第一第二第四条之归化(国籍法第七条)。

凡外国人现于中国有住所,其父或母为中国人者。此类外国人其父母现为中国人,较上列之外国人,更为亲切,故关于住所五年以上暨能力财产艺能之限制皆从宽免。

疏:此种情形不一,兹一一说明之。(1)私生子父为外国人,母为中国人,父母同时认知,依通例须从父籍而为外国人。(2)养子凡为外国人,养子则变为外国人,其父母仍中国人也。(3)归化于中国之子,奥国人归化中国而为中国人。其未成年,子固可随同归化成年者则否。法国人归化为中国人即未成年,子亦不随同归化,但父母既为中国人,则其子关系中国自切,本愿归化而不许之。附加种种限制,未成年子势不能归化,殊于管理财产行使亲权不便,故设此规定也。

(丙)不须备条件之归化人(国籍法第八条、第十条)。

外国人有殊勋于中国者,此项规定,各国均有之,所以褒赏有功,不拘常例。较父母为中国人之外国人待遇尤优。

疏:当初斯巴达严禁外人归化,尚有三次战胜之殊勋。许其归化之例外为殊勋,不限于战争、政治,即大慈善、大实业等亦包括之。盖乞丐恐其归化,而此等人为恐其不归化,故不设限制也。

依其本国法,不准随同取得国籍归化人妻。归化人妻应否随同取得中国国籍,俟于第四款中论之,其本国法不准随同取得国籍之妻,得特别请求归化,毋庸具备第四条第二项各款条件。因其夫业已为中国人,不必过加苛责也。

疏:妻多无相当艺能,及财产苟加以限制,不能归化致使夫妻异籍,殊不妥当,故立法家关于此不设条件也。

第三款　归化之手续

志愿归化人,虽具备前款资格,尚为外国人,如欲归化为中国人,必须经内务部之许可,各国定例,归化有须经法律许可者,有须经命令许可者,有仅须经内务部许可者,中国除有殊勋之外国人。须由内务部呈经大总统核准外,其余外国人归化,概由内务部许可之。

疏:归化须经法律命令等许可,已述于前兹不赘述。至有殊勋人为无条件之归化,所以褒赏有功也,而其归化必许,经元首许可者,以与中国毫无血统、出生地、居所等关系,且殊勋二字范围宽严不宜由内务总长裁量之也。

凡外国人愿归化者,依国籍法施行细则第四条应将愿书保证书禀由寄居地地方官详经该管长官咨请内务部核办。内务部接到前项书类,应先调查该项请求人是否确合归化之条件。其合条件者,内务部酌量情形,有许可否之全权,许可者,给予许可执照,并于政府公布之。依各国通例,凡登公报者,归化人得将公报呈验,证明其业已归化,惟中国种种法律未备,故以许可执照为重。其有遗失者,应补领之。归化而后丧失国籍者,应撤销之。

第四款　归化之效力

归化之效力。有自许可日起算者,有自公布日起算者,各国亦不一致。中国国籍法以许可日起算,惟依国籍法第九条第二项,归化非公布后不得对抗善意之第三人,所以保护善意第三人之利益也。然国籍法施行细则第六条云,依修正国籍法之规定,须经内务部之许可者,用内务部给予许可执照,自公布政府公报之日起,始终生效力,则竟自公布日起算矣。命令不能变更法律,自应以国籍法为准,然施行细则与本法矛盾,亦中国之特色也。

疏:归化之效力由何时发生,各国不同。英美以宣誓日生效,西葡以在户籍吏登记日生效,德匈以许可日生效,法意以公布日生效,荷比以归化书收受日(即本人承诺)生效。中国无宣誓及登记,故可就公布(登报)许可。二者研究之,而国籍法与施行细则又相矛盾,甚可耻也。

第一目　及于本人之效力

归化人既许归化,则其应尽之义务,应享之权利,宜与本国人一律矣。关于私法上一切权利,归化人得以享受,自无疑义。其公法上一切权利,归化人甫经入籍,诚为未卜。对于我国爱情,亦尚未能征实。设贸然令其入议院,与议要政,或居要职,参赞军事,难为保有其职务应行之事。与其甫离绝之国,有利害之冲突。万一其人眷念旧邦,私背新国，于国家前途甚为危险，故美洲各国，有归化人不得为大总统之限制。英美法意比匈诸国，对有归化之为上下议院议员，亦有限制。日本更有不得为内务大臣海陆军将官种种之限制。中国国籍法胚胎于日本，故有归化人不得为大总统副总统国务卿各部总长立法院议员及地方自治职员最高法院长平政院长审计院长全权大使海陆军将官各省巡按使之规定，其限制之严，较各国为甚，亦防微杜渐之意耳。

此项限制，原以新入籍人，对于本国未必有钟爱之心，然入籍既久，则其利害关系较深，不必过为歧视，故有殊勋之外国人归化五年后，其他外国人归化十年后，内务部得呈请大总统核准解除，惟大总统副总统地位重要归化人仍不得为之。

疏：呈请与否、核准与否均为内务部。大总统之权，归化人自不得要求。又解除不限于全部，一部解除亦可，如仅解除其为将官是。

第二目　及于妻子之效力

关于归化人之妻及未成年子女，各国法律有令其随同归化者，如英美诸国是也。有不必随同者如法比诸国是也，在令其随同归化者之意，以为一家之中，国籍不同，恐失家庭之和好，且归化人既入籍中国，其妻及未成年子必将随之卜居中国，所有爱情利益亲属，亦将移植于中国，况归化人以后所生之子女，皆为中国人，故令其同籍。实为便利。其谓不必随同者，以为变更国籍应由本人表示志愿，今妻及未成年子，并未表示随同归化之志愿，势难强其入籍。且国籍法归化应备之条件，仅指归化人一身而言，并未及其妻子，归化人一身焉能担保其家属之品行艺能乎。此说虽似有道理，究不如上说之充分。故中国法亦采随同取得国籍主义，但其妻及未成年子之本国法有反对之规定者，不在此限，所以免一人两籍之弊也。惟本国法虽有反对之规定，设有妻愿入籍者，得迳请归化，并无具备条件之必要，已于前款论之。至国籍法言妻而不及子，则子自不能援此优例，须另行请求归化耳。

疏：妻及未成年子应否随同归化，学说及立法例不一。而对于成年子之学说，尤为复杂。一谓，应绝对随同，不问其志愿，如何有无选择能力。盖为未成年子利益计，法律应推测之规定也。一谓，未成年子可随同，然须表示志愿，法律不可强制随同，至未成年子无表意能力，尚有法定代理人表志愿也。一谓，未成年子无表示志愿能力，须俟成年决定之也。前二说似异而实同，皆为随同主义，以法定代理人多系父母，父母既归化，必代子表示随同之志愿，后说之不妥自不待言。

关于成年子，各国大抵不许其随同入籍。惟志愿随同归化者，得为无条件之归化。中国国籍法无得为无条件归化之规定。成年子欲归化者，仍须具备品行端正及丧失国籍两项之条件。

第三章　国籍之丧失

国籍为契约性质，人民自有取弃之全权。希腊雅典之时，国民除受刑之宣告强迫脱籍者，外并能自由出籍。罗马时代，出籍有自愿者，例如归化于罗马与国及避刑出走者是也。有强迫者，例如沦为奴隶及因犯公法之罪引渡于外国是也。中古之世，人属于地，臣民出籍，悬为厉禁。及至近代，人权之说大昌，出籍自由，为列邦所公认，惟俄国至今除婚姻外，尚不许俄民出籍，其余各国，大都许可，不过条件宽严不一耳。

疏：国籍之丧失古今异趣。往昔丧失国籍多非己愿，恒因犯罪而被逐出，学者谓之削籍，即强其出籍也。现今出籍以自愿为原则，即自由出籍也，惟俄国不许本国人出籍，确守永远忠诚之意。嗣后俄女为外人妻者及归化俄国者许出籍，而本为俄人者，至今不许出籍。此外，为南美之阿根廷、委内瑞拉等亦然，而观念则与俄国之观念不同，盖以人口甚少不得不加以限制也，其余各国大都许可人民出籍。盖国籍为契约，人民自可选择之也。丧失国籍有二：(1)此国出籍而他国并不允许其入籍者。如中国人在外国为官吏、军人，在中国为出籍，在外国未入籍是。(2)出籍即取得外国国籍者，如中国女为外国妻而丧失中国国籍，取得外国国籍是。日本称前者为绝对丧失，后者为相对丧失。德国凡出外十年以上不思祖国者使之出籍，瑞典、挪威、荷兰等国亦然。其思祖国与否则以在领事馆注册与否为断，注册者领事馆知有此人，推定其未忘国，否则逾十年之久即推定其已忘祖国，故削其籍，然此等人未必取得国籍也。故此种辨法思想腐旧，结果徒增加无国籍之人，毫无实意也。又出籍有不必经政府许可者，如德国是。有须得政府许可，并须于六个月内迁往外国者，如土耳其是。

中国国籍法关于丧失之条件，规定极严，盖以领事裁判权之影响。国民往往有求庇于外国，以避中国法律之制裁者，故依国籍法第十四条无论何项丧失国籍人，有下列情事之一者，仍不丧失国籍：(1)为刑事嫌疑人或被告人；(2)受刑之宣告执行未终结者；(3)为民事被告人；(4)受强制执行处分终结者；(5)受破产之宣告未复权者；(6)有滞纳租税或受滞纳租税处分未终结者。综上六款设在外国即任其出籍，于诉讼或执行前途，并无妨碍。中国则不然，一行出籍，即为中国官吏权力所不及，于国家及出籍人相对人，大有影响，故立法家不得不严家限制也。

设中国人并无以上各款情形时，果何从丧失国籍乎，依国籍法丧失之原因有三：(1)亲族法上之原因；(2)归化外国；(3)为外国官吏或军人。三项丧失之性质，截然不同，试分论之。

第一节 亲族法上之原因

此项丧失国籍与因法律取得中国国籍者，用意相类，所以免一家内有多数国籍之弊。大别为二：甲为外国人妻；乙为外国人认知之私生子。

疏：因婚姻而丧失国籍有不计其取得外国国籍否，均须丧失本国国籍者,如土耳其、俄国、希腊是。有须取得外国国籍,方丧失本国国籍者,如中国、德国、日本是。塞尔维亚女子嫁于外国人丧失国籍与否,一视该外国女子嫁于塞人许其出籍与否,以为断纯取报复主义也。如中国娶塞国女为妻,则使之丧失国籍。南美人娶塞国女为妻,则不使之丧失国籍。盖以中国法许中国女嫁外国人出籍也,南美洲不但女子不丧失国籍,反使娶南美女人为妻之男子变为南美人,与入赘同。盖以土旷人稀思,多得外人也。中国从多数立法例规定,为外国人妻,取得外国国籍者,则丧失国籍,欲其一家不至有异籍人也。

甲. 为外国人妻。为中国人妻者,既以夫妻同籍之故,取得中国国籍矣。为外国人妻,取得其夫籍,自属公平之举,然因婚姻而丧失国籍者,须备下列之条件:

(1)有结婚之能力。此项目能力非普通之能力,系专指结婚能力,已于前章言之。结婚时,但使依中国法为及婚年龄,即可认其丧失国籍,至依其夫国法,是否及结婚年龄,可不必问也。(2)为有效之婚姻。假使婚姻并未成立,或虽成立而经撤销,则婚姻既为无效。国籍即不能丧失。(3)取得其夫国籍。在立法者,许中国女子以婚姻丧失国籍之故,原以该女子既取得外国国籍,设不许其出籍,将有二籍之弊,然如中国认其出籍,而其夫之国并不认其入籍,或其夫本为无国籍之人,则此女子本系有籍,反以婚姻故,变为无籍之人,殊非立法者之本意,故必须其取得夫之国籍,乃能认其丧失。

疏:(1)所谓结婚能力即达结婚年龄之谓,结婚年龄各国不同。如印度,八九岁出嫁,十二三岁即可生子,盖身体发育最早也。(2)婚姻有效须就两国法观之,如中国女嫁法国男,中女须得父母许可之类。一视中国法如何而定礼式,则兼从法国,如在官署签字是。(3)如中国女嫁土耳其人,则仍为中国人,盖以土国法不许外国女子取得国籍也。

乙. 为外国人认知之私生子。凡生于中国地,父母无可考,或仅经中国母认知之私生子，使其为中国人，原不过暂行赋予，故假使其母为外国人，一旦加以认知，或其父为外国人追加认知，则以血统关系之故，自应认其为外国人。惟须备下列条件：

(1)依中国法未成年。凡成年子之国籍，因认知而频加变更，于私生子利益，大有影响，前已言之矣。

(2)非中国人妻。因外国人为中国人妻者，本应取得中国国籍，若令其丧失，未免矛盾耳。

以上民法上丧失国籍之原因，但使当事人具备上列条件及无国籍法第十四条各项情形时，法律上及应认其丧失，不必经内务部之许可也。

第二节 归化外国

凡中国人因归化外国，丧失中国国籍者，除无国籍法第十四条各款情形外，须备下列条件。

疏：归化外国伊古所禁，今则多许可之。英于一八七四年许之，瑞士一八七六年许之，俄国至今不许，美则法文上，虽无许可明文，实际上已许之矣，且与各国订立条约而许可归化也。美国法律无许可归化之明文，不外基于英国永远忠诚之义，与南美恐人口减少，不许归化外国者自不可同日而语，美国现今人口最盛，自无禁止归化外国之必要，故实际上许可之也。至于归化条件，各国不同。德、奥、土须经许可且须于六个月内迁出国境，法国无条件，其他各国条件最普通者，迁出国境耳。

(一)年满二十岁以上，依中国法有能力。凡中国人未出籍以前，关于其人身份能力之规定，自应以中国法为准，故凡二十岁以下之未成年，即使外国通融许其入籍，而中国仍不许其出籍。例如德国一八七零年六月一日法律，凡外人请求归化者，须依其本国法有能力或经其父亲或监护人保佐人许可是。在德国未成年者,有父许可,即可取得国籍,而中国则必须二十岁方能认其出籍。

(二)自愿。凡外国国家强迫中国人入其籍者,例如南美诸国,凡与南美女子结婚或于南美有住所或于南美购有不动产,皆强迫取得南美国籍,然中国国家,则不能以此强迫之故,即认其丧失国籍,必中国人民自愿归化,乃许其丧失耳。

疏:南美诸国将此规定于宪法中,非寻常法令所能变更也。现在南洋群岛各地及暹罗常强中国人入籍,然非出于志愿,仍不为丧失国籍也。

(三)取得外国国籍。凡中国人仅请愿归化并未经外国国家许可,或所得者并非国籍仅系城籍或殖民地籍,中国法律皆不认其出籍。

疏:如英法殖民地,外人居住并非取得国籍,乃取得殖民地籍也。

(四)届服兵役年龄经免除服兵役义务或并非现役兵役者。服兵役为人民应尽之义务,如归化入籍,意存规避,殊非国家之福,故法德诸国,皆有在现役期内不准归化外国人之规定。中国国籍法,凡届服兵役年龄未免除服兵役义务尚未服兵役者,皆不许出境,既云现服兵役,则凡退伍之兵及预备后备之兵,自均不受限制。

(五)非现任中国文武官职立法院议员或地方自治职员者。本条之规定,因外国人例不许为文武官员及议员也,此款与上款不同,凡归化外国人,若现任兵役不能逃兵役而去,若现任文武官员议员等职,设使其志存去国,法律上固不禁其辞职耳。

具备以上条件时,欲丧失国籍者,应依归化中国手续同愿书禀请内务部核办。必经内务部许可,乃得任其出籍,许可之制,近世各国行之者颇少,惟德奥土耳其犹存此制也。

疏:各国法律宽严不同,往往有规避本国法而归化他国以取巧者。就离婚而言,英宽而法严,西、意则不许也。故西、意人欲离婚,而归化英国以达其离婚之目的者有之。此种归化谓之诈欺归化,法律虽无防止之明文例案,实有不承认欺归化之例,故凡遇有诈欺归化,皆不应许可也。

第三节 为外国官吏军人

第一节为法律规定之丧失国籍,第二节为志愿之丧失国籍,本节则近于剥夺国籍,所以儆示不忠之本国人也。实则此等剥夺国籍之宣告,往往无国籍之弊,因中国虽剥夺其籍,而外国未必即认其入籍也。

疏:关于此各国规定不同,有仅言官吏而不及军人者,如德、奥是。有并及军人者,如法国是。有无规定者,如日本是。中国则从前者,而设严厉规定也,且德国、荷兰、瑞典、挪威等国,尚有不在领事签名十年不归国者,而削其籍之规定,德国曩亦有此规定,于一八八九年删除之。

剥夺国籍之原因有二:(1)为外国官吏;(2)为外国军人须备下列条件:

(一)为外国官吏或军人。凡言官吏不论其为行政官或司法官也,惟受劝位实星或为律师教习即其他非官吏之地位,皆所不禁。言军人,凡常备后备诸军对外之军皆是,惟民兵乡团等类。所以捍卫地方者则不在内。

(二)无中国政府许可。假使中国人受中国政府之命,为外国官吏或军人,或其人未为官吏军人之前,曾请中国政府之特许,则当时中国政府如以为不利我国,固可不予以许可。既已许可,则固不能以此再剥夺其国籍矣。

(三)受中国政府辞职之命令仍不从者。假使其人以不知中国法律之故,贸然入仕于外国或从军于他邦,若不教而诛,遂令出籍,未免失之太过。故必经中国政府令其辞职,庶其人晓然于中国政府之意。若抗不奉命,则其人对于中国之义务,既驰,感情尤薄,且既为外国之官吏军人，将来于吾国利益不免有冲突之嫌。自不如令其出籍，既示以惩，且国家亦可为自卫计也。

第四节　丧失国籍之效力

第一款　及于本人之效力

凡中国人或以民法亲族上之原因或以归化外国或以为外国官吏军人之故，丧失中国国籍，应自丧失日起，丧失非中国人不能享有之权利。因自此以后，此人已非中国国民，不复尽中国人应尽之义务。自不能再享中国人应享有之权利，因自此日以后，此人已非中国国民，不负尽中国人应尽之义务，自不能再享中国人应享有之权利。其在丧失国籍前已享有此等权利者，应于丧失国籍后，一年以内，让与于中国人，假使其不让与时，一年之后，所有权利即归属于国库。

疏：公权如选举权、为官吏等权，当然丧失。至于私权如土地所有权、国家银行之股票等则定一期限，俾让与中国人，否则没收之。

丧失国籍人自丧失日起，已全处于外国人之地位，固矣。然对于相对人已得之权利，不能有所妨害。因丧失之效力，例不能追溯，丧失国籍人，不能以自己一人之志愿，使相对人有所损失也。例如中国人以丧失国籍之故，由成年而为未成年。现虽未成年，其以前在中国成年时所结之契约，仍当继续有效。丧失国籍人，决不得以现未成年，强谓无效也。又不许离婚之国，设有配偶中之一人，归化许离婚之国，因而请求离婚决不能以对抗未归化之配偶人也。

疏：不能因丧失国籍而对抗相对人，乃指已得之权利，希望权则否。如遗产继承，法国法制，无子归兄弟继承，设一法人归化。中国虽无子继承遗产，其兄弟亦不能主张继承。盖以希望权利得之与否，不能定也。

第二款 及于妻子之效力

成年之子，当然不从父母之国籍为转移。父母虽丧失国籍，成年子仍为中国人，自无疑义。但妻及未成年子，应否随同丧失国籍，各国大抵以取得国籍，是否随同为准。中国取得国籍，采用随同取得主义，故丧失国籍，亦采随同主义。然假使取得国籍之外国，并不采随同主义，则妻及未成年子于中国为出籍，于彼国未为入籍，将焉为无籍之人。故依国籍法第十五条，必须随同取得外国国籍时方丧失中国国籍也。

疏：随同丧失者如德、奥、意等是，不随同者，如法、土、葡等是。应注意者，此专指亲族上原因及归化外国而言，苟因为外国官吏、军人而丧失国籍，乃由于违反国法而削其籍，就罚止一身之原则，当然不及于妻子也。

第四章 国籍之回复

凡丧失国籍之人，眷恋故国，欲回复中国国籍，若概令其从归化通例，未免太苛。因其人本为中国人，其出国籍也，或以一时不得已之故，固不妨特别优待，以示怀旧之诚。虽然丧失国籍之原因不一，其得享回复国籍之优例者，仅有两种：(1)因婚姻丧失国籍及随同丧失国籍之妻；(2)归化外国人随同丧失国籍之子。其他若为外国人认知之私生子，若为外国官吏或军人若归化人及随同取得国籍之子，丧失国籍皆不得享此优例。如欲回复国籍者，须备归化之条件。

疏：英国人归化他国欲回复国籍，须依归化通例。德国仅有住所，经许可即可。法国则有居所，而经许可亦可，必以住所、居所为条件者，用以表明其有回复国籍之决心也。必经许可者，有加以斟酌之余地也。为外国妻而出籍并非本愿，乃法律规定之结果。而归化外国者亦或出于不得已，故均使之享此优例也。至于外国人认知之私生子，与中国既无血统关系即应与外人同视，而为外国官吏、军人既被削籍，即无宽假之处，故皆不享此优例也。

第一节　回复国籍之普通条件

凡回复国籍者，无论何人，须备下列之普通条件：

（一）于中国有住所　凡欲回复国籍，必其于中国有所依恋也。然将何证其依恋之心乎，住所为人生利益根据之地，请求归化，必须在中国有住所五年以上。请求回复国籍者，虽无年限之规定，然必须于中国有住所，所以证明其实有归乡之心也。

疏：法国对于妻无住所限制，只至治安裁判所声明即可，然究不妥当。设在英有住所而仅声明，声明之后又回英国，殊不利于英国也。

（二）本无国籍或因取得中华民国国籍，即丧失其本国国籍者。假使回复国籍之人，于其本国并不认出籍，则将有二籍之嫌。本款规定，所以免国籍之冲突也。

疏：欧洲各国关于此点多无规定，只计本国一方，故常生二重国籍之弊。我国籍法有此规定，实进步之立法也。

（三）经内务部许可　凡欲回复国籍者，虽条件具备，内务部仍有许可与否之全权。请求回复人，须从归化例，具陈愿书保证书，并由居地方之该管官署，咨请内务部核办。

疏：各国均有许可规定，惟有由中央财府许可者，如法、德、意是。有由地方长官许可者，如匈牙利是。

第二节　回复国籍之特别条件

第一款　为外国人妻丧失国籍及随同丧失国籍之妻

凡为外国人妻，取得其夫之国籍及丧失国籍人妻，随同取得外国国籍者，丧失中国国籍，在立法家之意，愿以夫妇异籍，有莫大之障碍，故许其丧失国籍，今若愿回复中国国籍，必须于普通条件之外，更备一条件，即婚姻关系消灭是也。因婚姻关系未消灭之际，其夫固俨然外国人也。外国人之妻，非随同其夫，尚且不得归化，遑论回复国籍。故必须其夫死或离婚以后，女子有选择国籍之全权，始能听其回复焉。

疏：别居制度，妻虽不负与夫同居之义务，而婚姻关系并未消减，不能享此权利。又未成年妻能否享此权利，有主消极说者以为，归化尚且不能况回复国籍乎；有主积极说者以为，当其丧失国籍时，不论其成年否，此亦应不论也，且回复国籍与归化不同，无妨许之。后说较当。

第二款 归化外国人及随同丧失国籍之子

凡归化外国人及丧失国籍人之子，假使其本非中国人，而欲回复国籍者，须从归化之通例，其本为中国人，而欲回复国籍者，须于普通条件外，备下列之条件：(1)品行端正；(2)有相当之财产或艺能足以自立者。其丧失国籍人之子，并须年满二十岁，依中国法及其本国法，有能力者，本条件较上为严。因上款列为女子，本款所列为男子，较须郑重耳。

第三节 回复国籍之效力

第一款 及于本人之效力

凡回复国籍者，自回复日起，与中国国民一体待遇，惟关于国籍法第十一条第一项各款公职，三年以内不得为之。此项限制内务部得呈大总统核准解除之。较之有功劳之外国人归化中国者待遇尤优。诚以公职之限制，不过防初归化人异心。若回复国籍人，本系中国人，固无所用其过事猜忌也。故归化人终身不得为大总统副总统，而回复国籍人，则解除限制后，即能为之，亦所以示优异也。

第二款 及于妻子之效力

回复国籍，其性质为归化之一种。故关于妻子之取得国籍，准用归化之规定。凡妻及未成年子应随同回复国籍人取得中国国籍，惟其本国法有反对之规定者，不在此限。所以防国籍之冲突也。至不能随同取得国籍之妻，得为无条件之归化，其子则得依国籍法第七条请求归化。

疏：我国籍法只言妻及未成年子未言及成年子，而德国法将成年子亦包在内，惟归化外国后所生子可否随同回复，有积极、消极二说。积极说曰："夫妻、父子，法律不愿其异籍，妻为外国人尚须使之随同取得，何况其父本为中国人乎。"苟从消极说，则归化外国前之子可随同回复，归化外国后之子不能随同一家，二籍之弊势所不免。又如甲女妻、德男乙生子丙、丁，乙死甲回复国籍，丙、丁随同回复否乎？一谓父死母行亲权，为保护丙、丁利益计自应随同。一谓子从父籍，不能随同其母而变更国籍也。一谓二说均不妥当，应任子之意思自行选择。此说不当，无待赘述。盖不令随同回复不便殊多，故以第一说随同回复为妥当也。

第五章　领土割让与国籍之关系

中国国籍法并未言及领土割让与国籍之关系。骤视之，领土割让，似不能为国籍取得丧失之原因。因现非封建时代，人与地不相附属。凡吾人之国籍既为国家与人民间一种契约，此项契约与地无关，地虽割让，而国家与人民之意思未改。则领土之割让，宜其与国籍无影响，然细按割让之原因，让领国必欲于新领地实行其主权。假使其地人民，仍不失故国国籍，将此项人民全在外国政府命令法律之下。新领国徒拥宗权之虚名，而毫无实益。非但于行政上多所窒碍，且与割让之本旨不符。故国际通例，凡领土割让地之人民，不论男女长幼，凡合于取得国籍之条件者，自割让之日起，即丧失其旧有之国籍，而取得新国籍，虽然新领国不能强予人民以不愿之国籍，割让地之人民，如不愿承受新国籍者，固可表示意思，保存其固有国籍耳。

疏：关于此各国皆碍难规定。如规定他国领土割让于我，则启各国猜忌之心，规定我国领土割让于人则有伤本国体面，故实际虽有割让而法律无其规定也。割让有平和强迫之分。前者如西班牙，卖澳洲某一州于德国，日俄交换桦太岛、千岛是。后者如普法之战，法割两州于普是。无论何种割让均于国籍有影响。又领土割让与国家灭亡之人民有别，如朝鲜为日本吞并，当然为日本国籍，无论至何处均无朝鲜籍矣。台湾虽割让于日本，而台湾人到中国仍不失为中国人也。

第一节　取得新国籍之割让地人民

领土之割让于第三国人民之住于其地者，毫无影响，自不待言。惟割让国之人民有关系于其地者，乃受取得丧失国籍之影响。虽然果为何项关系，始为丧失其固有国籍而取得新国籍乎，外国学者聚讼纷纭，莫衷一是，或取住所主义或取原籍主义或兼取住所原籍主义，试分论之。

疏：割让领土就司法言为所有权之让与，就国际法言则为主权之让与，故人民改换国籍只限于相互国，若第三国人民住在该地者，不生影响也。

（一）住所主义。即有住所于其地者。依此种主义，凡割让国之人民，于割让之日，有住所于割让地者，取得新国籍，因为让领国主权起见，凡割让人民有实益于其地者，必使其服从新政府之命令。至于割让地之人民，如住所在于他方，或彼此终身无原籍之观念，固不必强其入籍也。

疏：最普通者为住所主义割让，条约多定住民云云即此意也。

（二）原籍主义。即生于其地者持此说者。凡生于割让地之人民，不问其住所在于何地，皆令取得新国籍，盖以住所为标准，不免仍陷人为地附属品之旧观。且人与住所关系，易于变迁，不若人与出生地之关系较为永久也。

疏：主此说者以为住所易于变迁，出生地唯一，无二人之生于某地即与某地生关系，且其关系较住所为久。故国籍法规定，固有国籍除血统主义外，兼采出生地主义，并未言及住所，则改换国籍亦应采取出生地主义也。此说不若住所主义充实。盖人与出生地关系较浅，国籍法国固有国籍兼采出生地主义者，乃不得已也。且生于其地者未必即与其地有关，如旅行经商偶生于该地者，能谓与其地有关系乎？若必强此等人入籍，不惟不合本人意思，且于新领国利益亦未见其适合也。况专采此说，则生于其地而住所在他处者，为该地人民住于其地。而生于他处者反不得为该地人民，不当孰甚焉？且中日法律不准外国人置有不动产，苟从此说，则未生该地而住该地置有不动产，岂非与禁置不动产之法律冲突乎？

（三）有住所或生于其地者。持此说者，将以救上二说之偏。凡割让国之人民，或于割让地有住所，或生于其地有一于此。皆取得新国籍，然此说于割让国，颇不利益。因范围太宽，丧失国籍之人较多，且名为救上说之偏，实则兼有上二说。弊因以往所为准，既近于封建时代之陋习，至凡生于其地而无住所者，彼或永无归来之望。使之入籍，不特与其人之意思相悖。且国家亦安用此等人民为也。

疏：此主义利于让领国不利割让国。故法国割让于德国两州所订之条约，谓法国人民住在出生于二州者变为德国人，未加“或”“并”字样于是。两国解释相反，各谋其利益焉。德国谓有“或”字意味即住在或出生于该地者，法国谓有“并”字即住在并出生于其地者，因之二州人民常有法、德二籍之弊也。

（四）有住所且生于其地者。持此说者，力求减少割让效力，凡割让之人民，生于割让地兼有住所者，始取得新国籍。此说于割让地之人民，甚有利益。因割让地之人民，眷恋故国，多有不忍抛弃之心，减少入籍之民，即所以全其爱国之念。然于割领国之利益，未免冲突，因住于割让地之人民，非生于其地者，不能强之入籍。其结果或致多数之住民，不奉教令，于行政多妨碍。若概行驱逐出境，必启外交上之责问，又势所难行也。

疏:除上所述四种主义外,尚有一种主义即视割让地之性质或采住所主义也。凡单独国不重视出生地而重视住所地,如法国人生于巴黎与生于里昂均不失为法国人,不过为行政计划之便利,有户籍管辖之规定耳。故单独国宜采住所主义也。至于联合国之出生地则有关系,因视州为国,各州之法律不同,生于其州即与其州有密切关系,故联合国宜采出生地主义也。此说未免复杂而毫无标准,且如中国对外,虽非联邦国而内容则重视出生地,采用此说尤难于解决也。以上五种主义,第一种主义为优,故各国多采用之。

第二节 割让地人民保存固有国籍之方法

依国籍法通例,人民有自由选择国籍之权。虽割让地之人民,以割让之结果,丧失其旧国籍,而取得新国籍。然割领国固不能违背割让地人民之志愿而强与以新国籍也。割让地人民于新旧国籍例有选择之权。假使其表示志愿存旧籍,固可保有其故国国籍耳。此项志愿表示,大抵割让条约中有割让地住民于一定期内迁至他处者保存旧国籍之规定。此为默示,亦有令志愿选旧籍人民所司衙门声明者,此为明示,要之选择于手续,不外此两端耳。

疏:野蛮时代歧视外人,被战败者沦为奴隶,不发生入籍问题。至十七世纪始许入籍,然与现今不同。当时承封建余波,以地为重,采绝对住所主义,强迫入籍,毫无选择之余地。迨十八世纪始有选择权焉。一八七六年法、瑞条约及一八九五年中日之《马关条约》,均采住所主义。中英《香港条约》并未载明,至于租界条约,虽住于该地仍为中国人,与变更国籍无干也。选择权之行使期间,有一年者有两年者不等,迁出之后视为解除,条件溯及割让条约之日,视为从来未出旧籍也。盖与割让地人民之以选择权者,均有利益。在让领国,对于不愿入籍之人民,无强迫入籍之实益。在割让国,则土地虽失,而人民尚在,予以选择之权，亦甚利益也。惟迁出之地后，动产固可携去，不动产将若之。何古代则没收之以富王产。十九世纪后方保护之，如一八七一年德法条约是。盖欧西各国许外国人置有不动产也。若中国、日本不许外人置买不动产，故《马关条约》规定曰：凡住民于二年内迁居者，须变卖其不动产也。

无论明示或默示，凡有能力之割让地人民，皆有选择之权，自无疑义。其无能力之割让地人民，若妻及未成年子果有选择权否乎，试分论之。

甲. 妻之选择权。采原籍主义者，夫妻之情形，自属不同。其采住所主义者，依夫妻有同居之义务而论，夫之住所，即妻之住所。假使夫之住所在于割让地，则其妻亦受影响，因其妻亦合住所之条件也。依大多数学说，妻有选择国籍之权，妻如不愿承受新国籍，固可自由选择。惟能力之规定，及妻须何人许可，始能选择，均须依割让果之法律办理。因割让地之人民，自割让之日始，业已成为割领国之人民。惟附有解除条件，故须以割领国之法律为标准。妻有选择权之结果，往往夫妻生两歧之国籍，因夫或承认新国籍而妻或保存旧籍耳。

疏：关于选择权之行使，德国学者多有主张，只限于家主一人者，以为家长统率全家，有熟筹利害之能力，且免一家多籍之弊。此说虽似近理，实有窒碍难通者。盖妻子之利益恒与家长相左，且各国归化尚有采单独主义而不采妻子随同主义，妻子归化与否乃其自由，况强迫使之入割领国之国籍乎，故各国学说及条约多趋于单独主义也。惟妻为无能力人，其行使选择权须经人许可，否又须经何人许可则不能不依据割领国法律而断定之。盖以割让时起即变为割领国人民，故也或曰：此种单独主义，妻固可自由选择，奈夫妻异籍何不知。除夫妻别居，妻不负与夫同居义务，而有此情形外，实际鲜有夫不行使选择权而妻独自选择与夫异籍分居之情形也。

乙. 未成年之选择权。子有选择权与否,学者之说不一。第一说谓未成年绝对无选择权。因未成年子在亲权之下,其利益与父相等,无论其父默认新籍或选择旧籍,未成年子均随之为转移。第二说概许未成年子以选择权,谓第一说既以未成年子在亲权之下,不认其有选择权,则亲权消灭,如未成年之孤子及许其自立之未成年,皆应认其有选择权,方为情理之平。且侵权之设,原为未成年人利益起见。假设未成年子之利益,宜保存旧有国籍,只须依照割领国法律得法定人之许可,即可行其选择权。因此非取得新国籍,系保存旧国籍。固不妨稍从宽遇耳。第三说取折中主义,许未成年子有选择权。但须俟其成年后,方能行使。乃能见未成年子之真志愿也。

疏:第一说失于强迫蔑视子之人格,苟非所愿,尚须成年后请求归化,不便殊甚。第二说之不当无待赘述。第三说固合理论,然于割让之后选择之前,其间尚有若干年限,关于教育种种义务将何以处。且于未成年前,居住其地年限已久,感情洽厚,虽即成年必不肯再行选择旧国籍而迁离其地,故此说实际无效。比较观之,第一说为当,且为现今多数国家所采取者也。

疏:总之,关于割让有二原则:(1)割让地人民自割让日起丧失就国籍而变为新国籍;(2)不愿取得新国籍而行使选择权者,则其效力溯及既往。我国籍法关于割让未设规定前已言之,其效力究竟如何,不得不据各国惯例而判定之。例如,某国割让土地与中国,对于该地人民之公权有无限制乎,此则各国多与本国人同视,非若归化设有限制也。反之,中国割让土地与他国,该地人民已丧失中国籍,尚能在中国享有之权利否乎,通例多不许之。又割让地人民二年内未行使选择权而归旧籍,嗣后欲回复故国国籍,依归化办法耶?抑依回复国籍办法耶?多数国家采用后说,以为人民对于故国既有依恋之心,国家对于人民亦宜有怜惜抱恕之念,况丧失国籍非其本愿,乃由于国家割让土地之故,非若婚姻及归化而丧失国籍者可比,尤宜依回复国籍之办法也。

第六章　国籍之冲突

假使世界各国于国籍之规定,一律采用同项主义,则国籍可少无数之冲突。庸非甚善,顾各国法律,至不一致:关于生来国籍或采血统主义或采出生地主义;关于国籍之变更,或采永远忠诚主义采自由归化主义;关于国籍变更之效力或采单独主义或采妻子随同主义。折中错互之法令,在在足以生冲突之事。且无论此项冲突为积极或消极,要较之他种之法律冲突,尤难得解免之术。因当事人于此类事件,不能援本国法为通例之原则,声请援用本国法,因当事人之本国或尚在争论未决也。关于国籍之冲突,有在争执国之法院审理者,有在第三国法院审理者,其审理应遵守之法律不同,试分论之。

疏:积极之冲突,二重国籍之谓消极之冲突,无国籍之谓。前者如中国人生子于南美,中国法认为中国人,南美法则认为南美人。又如土耳其及其南美女妻中国人,中国法认为为中国人,土及南美则不认为出籍。后者如日本女妻土耳其人,日本法认为丧失日籍,土国法不认为取得土籍。又如中国人为英国官吏,中国除其籍,英国未许其入籍。

第一节　在争执国审理之国籍冲突

关于国籍之冲突,无论为固有国籍或国籍变更,其在争执国审理者,审理官应依本国法处断。当事人于其国有无住所,不必问也。但使于本国国籍法条件相合,即应依据判决,因国籍法为国家生存必需之法律,关于国家公共秩序,苟本国法有所依据,固不宜以当事人住所法为据。试举数例实之。

(一)中国人之子。生于专采出生地主义之国,例如委内瑞拉,在委国之行政司法官,必视此人为委国人,而依据中国国籍法第一条第一款,则此子固完全中国人也,设中国法院遇此项请求,断定国籍案件,应依中国法审断,无所用其迟疑。委国法非所问也。故此种小儿,往往有两国籍。在委国为委国人,在中国为中国人。

疏:审判国籍冲突有由行政官厅者,有由外交官厅者,亦有由司法官厅者。由行政官厅或外交官厅取其便利迅速也。由司法官厅审判则须经外交机关并向领事等询问调查,困难实有迟延之弊。然各国法例及学说多趋于司法官厅者,盖以国籍关系个人及国家较为重大,不宜由行政官厅草率从事也。设一华人在法庭主张已归化日本,审判官须查国籍法丧失国籍之条件,苟有不合,虽有日本领事证明为日本人,亦依我法判断而认为中国人。盖国家恃人民而生存,而国籍法实为保存国籍必要之法律也。

又如取永远忠诚之国人,例如俄人归化于法国,在俄国视为叛民,俄法院决不认其归化,然如法国法院审理此案,则审判官自应认其归化之成立。俄国法非所问也。

(二)即使两国国籍法所采主义相同,亦往往有冲突之时,例如一八八九年以前,法比民法第八条固相同也,而冲突亦因之而起。因此法比法律,凡法比国父母之子,生于外国者,仍为本国人。又外国人生于法比者,于成年时得选择取得法比法律。凡法比国父母之子,生于外国者,仍为本国人。又外国人生于法比者,于成年时,得选择取得法比国籍。故假如有一法国人之子,生于比国,至二十一岁选择取得比国国籍,此人在比人视之为比人,在法人视之仍为法人,若在法比法院审理两国法院应各从其本国法处理也。

第二节 在第三国审理之国籍冲突

假如意大利之子,生于委内瑞拉国,在中国法院援据中意条约,中国法院应准其援据否乎,易言之,中国法院将依委国出生地主义认其为委国人乎?抑依意国血统主义认其为意国人乎?中国法院于此时处于第三国之地位,固无所容心于其间,非若第一节所论,关系中国本国,必依中国法审理也。故遇此等案件,假使此人于意大利或委国有住所,应以其住所之地为其国籍。因其人既于其国有住所,关系自必较深,可以臆测。然其人住所若在于第三国,则决不能依第三国法律审断,因其住所不能予人以国籍,仅能为志愿之证明或补本国未确定之法耳。中国法院亦惟择两国法律近于中国法者处断,易言之即意大利也。

上节所举俄法例证,正复相同,可以类推。

疏:有谓固有国籍应依住所地法审判,取得国籍应依最后国籍之国法审判。如俄人归化德国,德国法出籍须经许可,未经许可而到委内瑞拉购买不动产,就俄国言,此人为俄人,因俄国不准本国人归化外国也。就德国言,此人为德人,因归化德国,未经许可不能出籍也。就委国人言,此人又为委人因在委置买不动产而变为委人也。依本国讲义则视其住所何在而定,依此学说则视为南美人矣。然此为强迫入籍,本人未必有此志愿,仍宜依住所地法审理也。惟住所在第三国则择近于我国法者处断。如俄人归化法国,而在中国发生争执,须视住所在俄在法而为处断。如住所不在俄、法而在英国,则视俄、法两国法律何国法律与中国相近,即断为何国人。盖法许归化,俄不许之,法国法律与中国法律相近,应依法国法而断为法国人也。惟无国籍者如何,处断学说不一。有谓依其原来之旧籍处断者,如中国人为英国官吏,中国使之失籍,仍依中国法处断。然无国籍人,本国已不认为本国人,本人已不愿为本国人,何可相强,仍以本国法处断乎。此时,不若视其住所何在,即依何法处断,若不知其住所何在,则依居所地法处断,而住所、居所即在第三国亦依第三国法处断。盖无国籍人无冲突关系之国,故依与中国法最近之法审理一层不能适用也。

国籍犹爱国主义,不容有二。法国民法家普尔登曰人之不能有二国,犹共不能有二母也。然以各国法律不同之故,常有重国籍或无国籍之事。殊为可惜。他日世界进化,必将开一万国会议,采一致方针,庶几有豸。此会未开以前,倘各国能订立条约,互相让步,亦未始未国籍之幸耳。

疏:美洲人少多由英德迁入,其后独立,英、德人赴美者,英、德不认为美人,而美则视为美人,常生二重国籍之弊,因而订约。英、德始认其入美籍焉,暹罗国常强中国人入籍,若未发生诉讼,则中国法院无术干涉,故以条约订定为妥。最佳者莫如各国开一大会,或皆采出生地主义,或皆采血统主义,或采自由归化主义,或采永久忠诚主义,然以国情之不同,政策即难一致。如美、澳人少,必采出生地主义。中、德人多,采血统主义,则万国会之开,不过学者之希望,尚不知见于何年也,然纵即不能臻。此亦宜如西班牙之与亚,尔然丁美之与德,互定条约,庶重国籍或无国籍之事可以减少耳。

第二编　外国人之地位

人之生也，有享受之权利，有应尽之义务。既生于世，必将求长成发达其能力。而社会之职任，在依各人之志愿，辅助其生长，保护其发达，不论男女老幼，不论国籍宗教，不论住居何地，凡属之伦，皆有享此辅助之保护权也。

吾人之权利，有人类自然之权利，有本国民特权之权利。人类自然之权利，源出于自然法，吾人生存所必需，例如婚姻权所有权之类，内外国人应一体待遇。其余无关人类之生存，而为一国所独有者，为特别权利。国异其情，对于外国人不固妨加以限制，非谓外国人绝对不能享受此类权利也。但内国政府因保存国家之必要，有使用其限制之权耳。要之世界文明各国，无不给与外国人以自然权利者。其余之权利，则得由本国政府，酌度情形，量无给与，但以不侵国家之主权为限。

第一章　外国人地位之历史

第一节　宗教时代之外国人地位

宗教时代，社会全为宗教所束缚。其结果往往对于外国人生贱视之念,本国人为天骄,外国人为异端外国人不得入本国之教,因之不得享受种种之权利无他。宗教时代,权利皆自宗教出也。故宗教之国,内外国于法律上显不平等,试举如下:

(一)印度。依印度摩奴法于婆罗门族、苏得腊族之区别,规定甚严格。婆罗门为战胜者,苏得腊为被胜而夷为奴隶者。苏得腊不得与婆罗门结婚姻,并不得享有婆罗门族之权利。苏得腊之下,更有所谓巴利亚者,并欲为奴隶而不能得。此类人自生自灭于印度社会之外,不受法律之保护,因法律上不承认有此类人也。

疏:婆罗门为贵族、主族,苏得腊为贱族、奴族。前者许入教,后者禁之。

(二)埃及。埃及宗教全盛时代,对于外国人异常贱视。盖埃及自谓将为世界之主,而对于异教之外国人,将执行上天之判决,不特对于外国人,既外国人之物,亦复加以轻蔑。爱落独脱有言曰埃及人无愿与希腊人接吻者,使用希腊人之刀者,食希腊刀所割之肉者,其骄矜可想见矣。埃及之衰,商务渐盛,宗教之念,亦随之而衰。向之仇视希腊者,迄于末世,且为希腊人设翻译处并给与土地焉。

(三)犹太。犹太以宗教立国者也。犹太自谓天之后嗣,依摩西法之规定,不屑与他民族来往。吾人试一读圣史,犹想见当时犹太人对于战败者之惨遇。当其至巴勒斯坦也,尽屠其族,因不愿与异教人接近也。依摩西法,凡外国人例应沦为奴隶,不能享继承之权利。且犹太于外国人重利盘剥,并不为道德所许者。

综上观之,印度埃及犹太皆以宗教立国,其立法对于内外国人之待遇,显不平等。无他,宗教积威之所致也。

第二节　古代商业国战胜国之外国人地位

宗教时代,民老死不相往来。顾闭关主义,旋即衰退,其原因有:

(1)通商;(2)战争。通商结果,依孟德斯鸠之言,能使破坏社会之偏见,社会之偏见消灭而战争之事,使各国民族得以平等资格,相见于疆场坛站之上。故通商交战,于外国人之地位之改良,实大有影响。谓不予信,请读希腊罗马之历史。

(一)希腊。希腊对于外国人入境者,颇示欢迎。因外国人之入境者,往往携其财产智识以俱来,足以辅助希腊之经济,增长其名誉。虽然希腊国民与外国人亦非立于平等之地位,依希腊法,外国人有三种:(1)伊沙丹勒;(2)麦堆格;(3)野蛮人。伊沙丹勒者,因或民意之结果,得享有全部分或一部分之私权。例如土地所有权婚姻权是也。麦堆格者,为特许有住所于雅典之外国人。然大抵不能享有土地所有权继承财产,犯罪时其处刑较雅典人为重。且须年纳较重之税,作为受保护之代价。野蛮人生存于希腊社会之外,无权利之可言,亦不受法律之保护焉。希腊季世,归化极易。以上三种人,皆得假归化之方法,享受外国人所不能享之权利。

(二)罗马。罗马立国之初,即知被征服之外国人,非使其与罗马有密切关系,不能固其邦基。于是对于征服之民,未得罗马国籍者,往往视其地距罗马之远近,为给与权利之标准。近者权利最完备。远者以次减。罗马之外国人亦有三种:普通外人、拉丁人、野蛮人。普通外人只能享受人法之权利,而不能享受罗马法之权利。人法为自然法,凡外人皆得享受。民法为罗马国法,如选举权服官权正式婚姻权等,皆属民法,非普通外人所能得与。拉丁人之地位,在罗马国民之下,普通外人之上,此等人民并无公权,但享有民法上之私权。例如继承财产权、民法所有权等类。普通外人及拉丁人并非真外国人,故虽不能享有全权,尚得有一部分之享受。至于野蛮人,则大抵不在罗马法律之下,无权利之可言,并人法之权利,亦不能享受。罗马对于此等人民,直视同化外焉。

第三节　欧洲古代之外国人地位

罗马既亡，蛮族西侵。日耳曼法兰诸族视外人如仇敌。凡外人不受法律保护。在法律范围之外，无服兵之权利，亦无政治上私法上之权利。且为其所欺虐，欲免此厄者，须求庇于一本国人，由其保护。此为仇外主义时代迨封建制与以地为重，采世袭对于其地施行无上之主权。生于采地之人，即为采主之人，因地为采主之地也。采主对于其地之人，制定法律。此项法律效力，仅能行于境内。一出采主之境，即不复受其限制。故当时凡离出生之采地者，皆为外国人，名曰渥彭。其愿于新采地久住者，须于一年一日内，声明承认采主之主权，违者采主得没收其财产。封建时代，外人之地位，视习惯法而异，或令为地役，或于本地人应纳赋税之外，更令缴纳身税，其额无定，视采主之意为上下。外国人纳一非外国人为妻或别采地人为妻时，更须纳婚税额无定。外国人不能遗财产或继承财产，外人死之日，财产皆由采主没收之。此项规定，初甚严重。十三世纪以后，渐加宽待。凡外人有子者，采主不得没收。且外人得遗赠教堂财产以资忏悔焉。封建制衰，王制代作。外人地位，无甚变更。至十八世纪末大革命与知歧视外人，非人道所宜。因将种种苛例除去，自此以后渐入于平等主义矣。

第四节　现今诸国之外国人地位

现今诸国有采外交上相互主义者，有采立法上相互主义者，有采平等主义者，有采限制平等主义者，试分陈述之。

（一）采外交上相互主义诸国。法国依国民法第十一条，凡外人得享有自然权，其民权则非条约规定不能享有。比国及卢森堡两国采用法国民法与法主义相同。希腊依希腊民法第十三条凡权利为本国人所独有者，惟依条约外人得以享有之。

疏：甲国与乙国人民以若何权利，乙国亦与甲国人民以若何权利，谓之相互主义。采此主义之结果,对于外国人之权利因国不同一,视条约或立法所定而判焉。法国大革命后,采绝对平等主义,对于外国人与本国人同视,嗣以外国待遇外人之优,逐一变而为外交上相互主义,虽然无条约或条约上所列举之权利,不备而有某种权利为人所不可缺者,不使之享有,殊有反乎人道。于是学者效罗马法,分为自然权、民权,前者人人可以享有,不问本国人否,后者外国人非依条约不能享有,此主义有种种之弊:(1)无条约国之人民不能享有民权;(2)外国人均是人也,应平等享有权利,不宜使条约左右之。且既享有权利即永久享有,不宜使条约与夺之;(3)条约易于消灭,如战争。而条约失效,驱逐外人出境者有之,此时条约消灭,该国人民因之丧失权利殊不利益也。

(二)采立法上相互主义诸国。奥国凡外人之本国法律,许奥人若何之权利,奥国亦许之。瑞典、塞尔比亚与奥主义相同。

疏:此主义以外交上相互主义,尚须订立条约未免太烦,不若外国法律许我若何权利,我亦许之为便利也。此主义虽稍进步,亦有不妥之点:(1)某种权利人人皆应享有,不宜为交换品;(2)各国法律不能一致,有许外国人享有不动产所有权者,有不许者。采此主义,本国法律一视外国法律为转移,必不能统一也。

(三)采平等主义诸国。意大利一八六五年编纂民法,于第三条规定凡本国人可享之权利,外国人皆得享有。实为平等主义之倡。西班牙。西班牙民法第二十七条言除法律条约有特别规定外,一切本国人私权外,人皆得享有。英国。古时外人不能于英国享有不动产所有权。一八四四年始许外人租用其期限,不得逾二十一年。一八七零年始许外人有不动产所有权,自此以后,外人与本国人一体待遇,外人于英国有逾十年者,并得为陪审员且非经议院之决议,不得将外人放逐出境。

疏:意大利久受东罗马之压制,当分裂之际,各国法律又各不相同,洎夫革命时代,马兹尼氏倡自由、平等、博爱三大主义。凡人皆应享有自由权，法律上皆为平等，无论中外皆为同胞，编纂法律即本此主义。故凡本国人所能享有之权利，外人皆得享有之。英本岛国贱视外人，阶级最严，排外念重，故不许外人享有不动产所有权，继而加以限制之许可，终则不但不限制私权享有，并许外人享有陪审员之公权矣。

（四）采限制平等主义诸国。德国外人权利与本国人平等，惟外人所属之国，不给与德国人以平等权利者，德人亦得撤销之。美国外人之地位，依各州之法律，而不依联邦之法律。故州异其法，至为参差。诸州中有许外人有不动产所有权者，有不许者，有仅许久居或有意归化之外人，享有不动产者。丹马外人之权利，与本国人平等，惟非政府许可，不得享有不动产所有权。俄国外人不得于迁省置地，其余权利与本国人同。日本外人权利与本国人同，惟有限制例如不得享有不动产所有权抵当权，又不许购日本银行股票，其例也。

疏：新造之邦有绝对不能采平等主义之理由，或由于经济关系不许外人享有，土地所有权及购买国家银行股票或由于国防关系不许外人于边省置地，此多数国家所以采限制平等主义也。德国之限制平等主义较为特别，法律上原则为平等主义，惟他国待德国人不平等则经参事会之同意而撤销该国人民在德国所享有之权利。美国各州法律各有不同，从前美国各州概不许外人享有土地所有权，现则渐有许之者，亦有许之而加以限制者。盖土地所有权许外人享有，否各国不同不遑枚举。罗马尼亚许外人在城市有土地所有权，不许在乡间置买土地。俄国西陲不许外人置地，东陲许之。盖西邻列强。东接中国也。美国有地皮公司贩卖土地希图获利，外人入股者颇多，殊于国家有碍。故于一八八七年联邦政府有一法律，地皮公司有外人入股者，不得购买土地。盖专为地皮公司之法律，非对于个人之规定也。日本维新之后，关于外国人权利颇多，限制亦有。不得已之若衷焉。

据上所述，虽为四种主义实则相互与平等二种焉，而待外人最苛者莫有甚于外交上相互主义者。就法国言,外人诉讼无论原告、被告均须缴纳保证金,而造皆为外人则不受理。且外国人不能享有诉讼上之救助,对于外人诉讼不以被告审判籍为准,虽在外国之人,如被法国人所诉,亦须传到法国法庭审问,又继承权外国人均不能当然享有,以其为民权也。至于限制平等主义,虽有限制,仍不失为平等也,中国虽有最惠国条款,然亦不无限制亦可列入限限制平等主义中。

第二章　外国自然人之地位

第一节　外国人之入境出境

(一)入境。国家依其独立主权,固可禁止外人之入境。例如古之斯巴达及中国日本迄至十九世纪均行此政策。顾此等闭关主义,使本国立于世界社会之外,不与他国相往来,流弊甚巨。若对于指定一国之人禁止入境,尤足启外交上之抗议,故现在世界各国皆许外人自由入境。惟为国家安宁起见,得加以限制。例如下开诸人,各国多有不许入境者。

(甲)凡怀有特别政见之政客,足为本国之危害,或使本国与他国之睦谊有碍者。

疏:如社会当党其入境,则著书演说煽惑人心,殊有碍于治安。

(乙)累犯乞丐无赖赤贫无依者。

疏:英国于一九零五年颁布一种法律,专限制外人入境,盖亦防无政府党人,一防赤贫工人,故凡乘三等船者,非带五磅货币不许入境。美国于一九零七年亦颁布禁止外国无赖入境之法律也。

(丙)带有传染病者。

至各国有以保护工业之意,禁止外人入境者,则殊与劳役自有之旨相妨耳。

疏:美国于一九零二年制定之法律对于中国除学生、资本家、游历人外不准入境，而对于日本人亦设有限制，日本为保全体面起见，自行限制浪人入美。他若加拿大、澳洲等亦禁华人入境。此等国家禁止华人入境之唯一原因乃以华人入境后不能为资本家，皆为劳动者，工价较廉甚不利于其本国劳动者也。于是美国社会党议员假口华人程度太低，污秽不洁而提出禁止华工之议案也。

除以上禁止入境之外人，各国为己国公益起见，对于外人之入境，于其国籍道德资产，固有详细调查之责。例如法国法律凡外人应于居所之县公署，声明其籍贯资产，而俄土婆塞诸国，凡外人非有护照者不得入境焉。

疏：俄国对于本国人亦须有护照，官吏常称护照虚伪而行敲诈，多数国家之报于官署，不必自为呈报，由旅馆等呈报即可。

本国人不能禁止其入境。假使本国人犯出境之流刑，而为外国征服所放还，复回本国，本国犹有收纳之义务也。

（二）出境。外国人出境之原因与本国人不同之点有二：（甲）放逐；（乙）引渡。此二种惟能施之于外国人，于本国人不适用之。

（甲）放逐。放逐权为各国政府对于外人自卫之必要权，不必声明理由。但本国政府视为外人在我境有碍公共治安者，例得加以放逐，放逐之手续，各国不同，依英国法律必须议院之议决。而法国法律则凡内务总长及沿边之州长，皆有方竹外人之权，被放逐之外国人，不能呈诉诉愿。因此项行为，全为国家主权之行为，但滥用危福。放逐外人者，往往来外交之责问。故各国政府关于国家之公益，乃有行使放逐之权，若为免去商务之竞争，或诉讼之结果，或为免引渡之手续，而放逐其人于外国者，皆非正当之理由焉。

疏：放逐多由奸细而并非犯罪，或国有内讧恐外人助乱而驱逐，或与外国战争恐外人为间谍而驱逐，要之非有正当理由则惹外交上抗议也。

放逐有关于各人者，有关于某国全体之外人者，对于各人放逐，设或不当。犹足开争论之端。若全体放逐，于外人损害太巨，除战争时，殆无行之者。

疏：全体放逐如法、德开战，法定为二十四小时内德人须全体出境。个人放逐，如仅放逐领事出境。全体放逐殊不多，覯非战争时无有行之者，即战争亦常不用此种苛酷手段。如甲午之役，中国、日本均未全体放逐。日俄之战亦然，不过加意监视而已。盖以距离较远，间谍为艰故也。此次欧战则因各国国境衔接，有全体放逐之必要，于二十四小时不出境者以俘虏视之。惟仓促出境，外人财产虽未没收亦不利益。土耳其尝以驱逐出境威赫外人，实则如此变理必起战争。故近今国际法学者多主张放逐外人之后，国家宜代为管理财产免受损害。盖战争乃国与国之关系，并非对于个人之战争也。

(乙)引渡。古时野蛮国，法律甚严，各国以博爱主义之故，凡外人之犯罪者，往往加以容纳，不为引渡。迄至近世，此风未改。除互订条约外，各国对于犯罪者，无引渡之义务，即订有条约于军事犯政治犯，仍不在引渡之例。至本国人犯罪，亦多不加以引渡。因本国人犯罪，服从外国裁判，有侵害本国主权之嫌，且世界各国对于他国法律尤未能泯其不公之疑也。引渡手续，各国不同，因在本讲义范围之外，兹不赘及。

疏：犯罪逃往外国不为引渡之风原于耶教，从前耶稣教堂为犯人逋逃，薮犯罪逃入教堂即不准捕，盖以教堂法善不能归国法治之也。嗣后国家基此观念以为外国法不如我际法善，遂不可引渡犯人。然国家刑罚原为自卫，有害团体而，各国皆为团体，故犯罪行为各国者皆有不利，不可不治以罪，于是有引渡办法焉。引渡有由条约定者，有由法律定者。前者优于后者，以法律定之，倘不引渡，无可如何以条约定之，有引渡之义务不能不引渡也。至于引渡手续，有以行政处分而办理者，亦有据法律规定而办理者。

第二节　外国人在公法上之地位

第一款　参　政　权

参政权未国民直接间接干预政治之机会,外国人当然不能享有,各国学者,皆无异议。故依通例,外国人不能为选举人被选举人,并不能为议员及行政司法官吏。其聘外国人为顾问者,不在此例,因顾问非官吏也。中国以条约之结果,于税关邮政盐务等处,有采外国人为官吏者,则为特别情形耳。

疏:学者有谓公权及即指参政权之一种,自由权是否公权,尚一问题。然各国法律皆将自由权规定于公法中,故亦认为公权也。参政权有广义、狭义,前者兼立法、司法、行政而言,如议员、法官、律师、陪审员(英国有一例外即住居英国满十年者得充陪审员),承发吏、军官、行政,各官皆属之后者,则仅指立法而言即议员是。如女子要求参政权即拟要求为议员之权也。此处所谓参政权则指广义而言,盖归化人尚不能完全享有公权,况外国人乎。

顾问不过咨询耳,虽得与闻政事,初无何等实权,问否、听否权操自我原非官吏可比。至如某会之会长、会员以外人充之,亦不过荣誉而已,犹之各国元首尝有以将帅衔加与,外国元首或大臣者并非实官,仅能着其制服而已。中国税关邮政、盐务等权操自外人之手,非一日矣。税关为财政要务,归外人掌握危险殊甚。邮政原以中国无其材而归外人办理,宣统年间收归国有,然仍请法国人为总理,不过职属于交通部耳。民国初,成因大借款之结果,盐务实权,五国有之而英人丁恩氏掌之。故论我国现状,较埃及、印度、安南差强者祗名称耳。

第二款　自　由　权

凡公法上所称为自由权或个人权为人类所必需,非专属本国国民者,外国人于享有之权。例如身体自由、言论思想自由、信教自由、来往自由、结会集社自由、营业自由等，皆为世界人自然之权。惟国家以保卫公益之故，对于外国人得略加限制耳。

疏：自由权乃十八世纪大革命家由英国大宪章研究出者，谓自由权为人类生存所不可少之物，大别之为身体，上之自由精神，上之自由职业，上之自由无论内外国人均宜享有。惟现今尚未趋于大同时代国家为本国利益起见，不得不对于外人加以限制。然为例外，原则固大同也，所可怪者中外之《天津条约》《江宁条约》均有外人身体、财产自由，应为保护之规定。此在西洋乃当然之事，无待明言，而中国之观念独异，不得不有此规定也。

外人之身体财产，例有受保卫之权。除上文所谓放逐引渡外，非依法律不得逮捕监禁搜索没收。其犯罪者，应与本国人一律待遇。依普通法律处断，惟刑罚有于外人不生效力者，得易科之。例如其犯罪者，应与本国人一律待遇。依普通法律处断，惟刑罚有于外人不生效力者，得易科之。例如法国刑法第三十五条为褫夺公权罪，其于外人则易为监禁，因大部分之公权，外人不能享有也。

疏：对于外人身体虽有放逐、引渡二种例外，然不依法行知，有一定之程序不可违犯，盖亦保护之道也。中国对于外人财产不仅保护，尚有优待，即国有内乱，本国人所受制损害不为赔偿，外国人所受之损害须为赔偿是也。如辛亥革命，我赔偿各国之直接损害（日本尚要求间接损害，又例外之例外）即其例也。惟学者有反对之者，谓此系天灾事变不可抗力，则民法上尚不负赔偿之责。况国家之内乱，事故出人意表防之不暇，本国损害尚难回复焉，能任外人要求赔偿损害乎？虽然学说固然矣，其奈强权何若。法国、葡国之革命对于外人之损害未闻有赔偿之事，独墨西哥、中国革命对外人损害负赔偿之责。

言论思想自由。为人类最宝贵之自由，惟外人之报纸书籍，有碍本国治安者，不得许其入境。至法国法律并有不许外人为报纸编辑发行之条。

疏:从前言论思想至不自由,不但不准外人自由,即本国人亦限制之,如法国。从前非经特许不准开设书店,不经警察阅视不准印刷书籍,嗣知有碍民智,遂许自由不分内外焉。惟外国书籍、报纸有时不准散布,如无政府党之书籍、报纸,各国禁之。又以俄国常将法国报纸涂改之后方准散布,盖以共和国之言论思想不适君主国也。

信教自由。中国与各国条约多有明文之订定,惟教中宗旨及行为有妨本国之公益者,各国警察厅多有限制之权。

疏:昔日教争最为激烈,强人入教,排斥异己,互相倾轧,靡所底止。十八世纪之后,哲学家主张信教自由论始息教争焉。惟异教有伤风化者,不可不禁止之。外国与中国所订之约于外人身体、财产须加保护之外,尚有信教自由之款。其实,中国信教自由之观念乃所固有,如中国人信道教、佛教,向采放任主义,而各国所以要求规定信教自由,以中外恶感多起于教争也。

来往自由。为各国之通例,然亦有须得政府之凭证,乃能任意来往者,中国除通商口岸外,凡外人至内地者,例须领有外交部之执照。

疏:土耳其,如外人入境须有护照,盖因警察等腐败,不愿外人入境也。中国以外国有领事裁判之权,故恐因游历而离居,故亦须领有护照以便通知地方官保护而免遇害之虞。

社会集社。关于学问工商业者,外国人应与本国人同一待遇。其涉及政治者,则可不许其成立。

疏:外人无参政权,自不得涉及政治,至于以学问、工商业为目的之结会集社,有关于人民智诚、社会文化断无禁止之理。

营业自由。外人亦同有此权,惟关于律师、教员、医生、政权交易所职员及运送业、矿业、渔业,各国对于外人有加以限制者。

疏:关于营业有完全自由者,须经特许者。前者通常许外人为之,后者则禁止之,须经特许之。营业不一而其理由亦有不同,有本财政上理由者,如盐、烟酒之类是;有本于治安上理由者,如制造硝磺等爆裂物是;有本于军事上、国防上理由者,如铁道公司、轮船公司是,凡此皆禁止外人营业者也。磺业,日本禁外人为之。渔业关切沿海人民之生计,各国禁止外人营领海入之渔业。且如法国对于本国渔业尚有辅助金之办法保护渔业,正所以保经济也。又营业之外有自由业,如医生、律师、教员等,非营业乃以智能为之。各国对于律师莫不禁止外人为之,以其为司法事务禁止外人,所以保护人民之权利,且为参政权之一例不准外人为之也。教员关于人民智识、国家文化,而小学教员尤关重要。如无政府党人为教员,学生脑筋输入无政府之观念,甚危险也。故法、德等国外国人非归化后不准为教员。证券交易所,外国视之甚重,盖文明各国工商业发达专赖信用,而证券于以盛行,则证券交易所尚焉。此种交易所以世界为市场,足以左右金融,故所中职员限制甚严,且有个人保证金并团体保证金,使其连带负责而防弊害也。若许外人为证券交易所职员,则必自由操纵故意高其本国证券之价而抑落他国证券之价也。又如商船船主,中国多用外国人,而外国则莫不禁止外人为之。盖船之大者颇能载重,遇有战事虽不能临敌,尚可改作战争运送船而为战争之辅助,若由外人为之必不利于战事也。故外国多用退伍海军将士为之,既熟悉航路且利于战事也。

要之外国人在公法上之地位,除参政权为外人绝对不能享有外,其他之自由权,大抵仅受限制之处分,外国人在所在国有服从法律之义务。有纳税之义务,但无服兵役之义务耳。

疏:古代有重税外人之制,近世则否中外条约外人纳税之义务,较本国人反轻。印花税不行于外商,厘金税不行于外货,无怪乎国货不能与外货竞争也。

第三节　外国人在私法上之地位

第一款　亲　族　权

凡家族之权，皆源于婚姻者，人类希望生存之目的，故各国立法家莫不加以提倡。保达利曰婚姻权非为一地一国所专有，乃万国所同，如空气然，不能限于国境。今日世界各国，皆承认外人有婚姻权，无他，婚姻乃自然权也。

凡外国人不论在外国或中国所结之正式婚姻，于中国皆为有效之婚姻，所有关于夫妻之权利义务，与本国人一律待遇，所生之子女为嫡子，适用民法亲权之规定。

疏：监护人有谓为公职者，既为公职，外人自不得为之。然学者有谓外人与未成年人有亲属关系，亦可为之。日本家族制家有户主外人者不得为之也。

外国人得为中国人养子或养中国人为子否乎？国籍法第二条称凡外国人为中国养子者，取得中国国籍，是法律已许外国人为中国养子。至外国人养中国人为子，法律虽无明文规定，按之学理，似应许可，盖养子为模仿之婚姻家族。关于养父养子之间，有假设之父子亲系在焉。夫自然之外人家族，与本国人一体待遇，则假设之亲族，固不妨承认其存在耳。至外国人对于私生子之权利义务，果何如乎？私生子较养子尤为亲近，自应援照嫡子例，与本国人同一待遇。总之外人在我国者，关于亲族权，不论其源出自婚姻嫡子、养子或私生子，皆与本国人有同等之权利。至其行使之条件，俟于第三编中详论之。

第二款　财　产　权

财产权包括物权债权智能上财产权三种而言，外国人能否享有以上权利乎？试分陈之。

第一目 物 权

物权依中国民法草案为所有权、地役权、地上权、永佃权、担保物权占有权六种。所有权于婚姻之外,是为自然权之一种。人类如不认所有权之存在,则商务储蓄,皆将绝迹,而人类永无进化之日。盖所有权为劳役之报酬,人生所必需,故当为凡人皆有之权。顾今日世界各国,除动产所有权对于外人平等待遇外,其于不动产所有权,往往加以限制。中国依条约亦有外人在内地教堂医院外,不能享有土地所有权之规定,因土地所有权影响于国家政治经济甚大。依国内情形,有时不能不严加限制耳。地役权为所有权之附属品,外人不能享有所有权时,当然不能享有。地上权关系较小,外人例有享有之权。至永佃权年限长者,有使土地所有权之限制,涉于有名无实之弊。通例亦有限制之条,担保物权应许外国人享有,因外人既有债权,自不能不认其有担保物权。且担保物权之所有权,仍属于债务人也。占有权应分动产占有不动产占有。不许外人有土地所有权之国,自不认其有不动产占有权也。

疏:对于动产所有权中外相同惟船舶一种,非本国人之股份半数以上,不得悬本国之旗。似是限制,实则非。所有权之限制,乃悬旗条件耳。对于不动产所有权,禁止外人享有之国家,不一而足。前以述之,日本维新之前允许外人享有不动产所有权,维新之后思禁止之,已享有不能夺回,乃设永贷借地权,实即所有权之变革也。其限制方法则外人不能再买不动产只准出卖,且不得与外人须卖与日人,盖欲收回已失之土地耳。中国亦禁止赎买不动产,惟实际上常因不动产担保物权之基础享有所有权。就学理而言,既有禁止外人享有不动产之明文,则不动产之担保物只有以拍卖方法施行,拍卖售卖得金之清价而已,安能据有该不动产为远反禁止之条乎?

第二目 债 权

外国人在吾国有为债权人及债务人之权,自然无疑义。依各国通例,外国人有购公司股票之权。因公司股票为股东之债权,惟关于股票,各国有加以限制者。日本银行股票不许外人购取,而中国银行公司股票,亦往往有声明废话人不能持有者。此则视国家之经济情形,未可一律论也。

除公司股票外,关于债权之取得移转消灭,外国人与本国人一体待遇,债权债务为社会构造之要素,固不必贸加区别也。

第三目　智能上财产权

近世国家对于著作家美术家或发明家,承认一种权利。此种权利,既非物权,又非债权。且不能谓之所有权。因所有权之特质,为他人不能享用。且物主得自由处分,又为永久性质。智能上财产权,皆非其伦也。顾著作权等虽与所有权异,而确为一种财产权,则无疑义。近世世界交通,凡文学科学美术工业上所有之新发明,世界上皆得共食其福。然本国人于外国人能否有智能上财产权乎,试将著作权美术权及工业权分论之。

疏:债权须有特定之相对人,而智能上财产权乃对于一般人要求其不作为之权利,无特定相对人,故非债权。

(一)著作权或美术权。财产之源为劳役,而劳役之最可宝贵者,莫如著作家美术家。彼劳其精神,出其所得,以饷世人。倘使其所精心构造之物,他人皆得复制,则已穷其力,而他人食其谷,不特不公且足遏抑人类之智识。故近世各国对于著作美术,皆严加保护,不许他人复制。夫学术美术无国境,对于外人,亦不能不施同一之保护。顾各国国内保护法,仅及于境内,一出境内则无复保护之能力,殊为憾事。欧洲各国有鉴于此,于一八八四年,以瑞士政府之提议,开万国著作权同盟会于瑞京。会议结果,订有一八八六年瑞士条约。签字者为德国等十国,嗣后加入者为日本瑞典等共七国。依瑞士士条约,凡加入同盟国之国民及其相继人,关于文学科学美术之著作,但使于同盟之一国呈报,于他国有同一之保护。且未入同盟之外国人,但于同盟国第一次出版者,亦与以同等之保护。复制固所不许,翻译并干厉禁。惟他人不许翻译者,应于十年内自行翻译耳。报纸、杂志中之非政治新闻,经本人声明不许复载者,亦不准复载。瑞士条约出后,凡以前以后,各国间定有特别条约条件较优者,仍属有效。万国著作权同盟,于瑞京设有专局,专为调查各国关于著作权法律而设,月出杂志,名曰著作权。

疏:凡条约有除相对国外不许他国加入者,此项条约即许各国加入。加入之后,报告于瑞士政府,由瑞士政府通告于各国。中美俄至今尚未加入。俄国以不开化须翻译外国著作而输入文化,固未加入。美国因如加入条约则不能输入英之文化,固亦未加入。中国之未加入也,并无何等用意,乃不知不觉未加入,尚可翻译外国书籍,亦一幸也。凡加入同盟之国民皆受保护。惟本国人之著作常未出版之原稿亦加保护,而外国人之著作非出版不能予以保护,盖以出版之前无从考察也。保护之年限,各国虽不同,然以保护本国人之年限为准方较妨。当如中国人在英国出版著作,英已十年为保护期,该中国人亦以十年为限,自不能超过英人受较优之保护也。

(二)工业权。凡工业家商业家之权利,例如专利证、工商图样、商标商名等,外国人能与本国人享同一之权利否乎?各国关于保护之法律,既不一致,其对于外人虽采保护主义者为多,而国异其法,不免有参差不齐之弊。一八八三年,万国工业保护同盟会成立于巴黎,定有《巴黎条约》,签字国凡德国等十一国,加入者凡英美等十一国,现大国之未加入者,仅俄奥中国耳。依《巴黎条约》,凡同盟国人在同盟国,得有专利证者,与本国人受同一之保护。其非同盟国人在同盟国内有住所或工商业者亦同。又凡在同盟国得有专利证或呈验工商图样者,得于六个月或三个月内持其凭证。赴他同盟国注册,于他同盟国受同一之保护。盖同盟条约未定以前,各国立法,大概非确实新发明者,不得请求专利保护,而于他国已经得有专利证者,大抵不视为确定之新发明。

自此条约实行后,凡于甲国得有专利证者,于期间内仍得赴乙国或丙丁国注册。惟注册者应依该国法律,制售其专利物耳。商标在商业总号或其本国注册者,同盟国共负保护之责。惟商标之物品如违背公共秩序或道德,同盟国得不加以保护,至商名不论其与商标联合与否,在同盟国中,得受同一保护。其盗用商标或商名者,于货物进口时,同盟国之检察厅,得提起公诉,万国工业同盟,亦于瑞京设有专局,月出杂志,名曰工业所有权。

疏:万国工业同盟会俄奥所以未加入者,以与各国有保护工商业之单独条约也,中国初无何等原因直未加入耳,万国同盟仅谓保护,至保护之方法并未说明,仍由各国自定,惟不得远反巴里条约,只准详而宽不准简而严也。依巴里条约凡得专利证者,皆可向他同盟国寻求保护,其请求之时期,如专利证为六个月,工商图样则为三个月,盖昔日只能享注册国保护之益,请求他国保护则不之许如美人在法国发明留声机已注册售卖英人买回本国,设复向英国请求注册加以保护,英国则谓此物已经充斥各地,非新发明,不能特予保护,实严酷也。于是巴里条约定明六个月及三个月内请求注册即须允许而加以保护也,对于请求注册者应加以如何之调查,方许之乎,此则各国调查不同德美日奥各国先审查其是否新发明而后决定,英法义诸国则不审查,只凭专利证即可也,且万国工业同盟会每四年开会一次,已开会四次矣,每次皆有修正,则其进步可想而知矣。工业权之保护与著作权之保护有种种不同之点,兹略言之:(1)著作权仅出一稿或一版国家亦不干涉而强其再出版仍受法之保护,若工业权非制出物品不能专利,盖不制物会社会不获享利益也;(2)工业权不必先制出物品而后请求保护,只有此思想即可请求。若著作权则非著作之后不能请求保护也;(3)工业权必新发明者方能受保护而著作权则不问其新发明否纵即袭取他人，苟非雷同即可请求保护；(4)著作权如在法国出版而受保护不必向英德各国注册，当然受同盟国之保护，而工业权则非向各国注册不能保护也。

第三款　财产之取得移转丧失

外国人得享有种种财产权，既如以上所述，其财产之取得移转丧失，是否依本国法办理乎，关于契约等权利，外国人当然与同一待遇，其细节详述于第三编中。关于不动产时效取得，外国人应否有此权，却属疑问，惟依中国法。外国人无土地所有权，自不应认其有时效取得权也。至继承财产，古时外国人皆无此权。近世则内外国人殊无区别。惟依法国法律，凡外国人与法国人共同承继时，倘在外国之遗产，法国人不能平等承受者，法国人应于在法国之遗产提出一部分相当之数。

疏：外国人财产无人继承者当然与本国人同视而归属国家也。

第三章　外国法人之地位

第一节　外国法人之成立

上章所述为自然人，自然人自然存在，不待法律之特许。其人之权利义务，亦为固有，法律不过加以厘定而已。自然人之外，有法人焉。虽无人之形式，然法律上得享有人之权利及担负人之义务。以其为法律所造，故谓之法人，以别于自然人。各国无不有法人，法人之产生，源于公益，又各国所同也。例如国家及其行政区域，又大学堂等，皆为法人，因其为民族之代表或机关，公益也。又例如各种慈善会社商业公司，集多数人之心思财力，谋公共事业之发达，国家加以特别保护，认为法人，亦公益也。始能审度公益之存在与否，认许法人之成立乎？除依国际公法组织合法之国家，当然有法人之资格，为必要法人，毋须法律之特造。盖国家总汇一国之公益，保护全国人民之乐利。欲行总汇保护之实，必行使种种特权，惟人乃有权利。国家既有此特权，则其为法人也无疑。国家以外之法人，则殊有别，无论何种法人，必须经国家之认许。易言之，必须经法律之认许，惟法律能造法人。个人不能也，法人成立之资格及其权利之范围，全为国家特别之认许，法人不论明认默认，必秉其生于法律耳。法人与自然人同，有本国法人与外国法人之区别，外国自然人之国籍，根据于血统或出生地主义，已于前编述之。外国法人之国籍，除公法人外，其私法之国籍，各国学者，聚讼纷纭。有以设立法人之自然人国籍为标准者，有以设立地法律或住所地为标准者，有以设立法人时准据之法律为标准者。以学理论，当以总事务所或本店所在地为国籍，较为允协。

疏：公法人之国籍不生问题，如英国自治团体，当然为英国国籍，至于私法人之国籍，说法不一，第一说谓以自然人之国籍为准，因无自然人，则无法人也，此说不妥，如法人由数个人组成者究何所据乎，且如有限公司之股票多不记名，股东为谁，尚不可知，遑论国籍又何所据乎。第二说谓以设立地法律为准，此说不妥，不能以设立地断定其为某国国籍，如巴黎之豆腐公司，实为华籍，况法人之事务所有数处时究如何断定能谓为数国法人乎。第三说谓以住所地为准，此说亦不妥，因无确定之标准，倘有数处住所，放在数国，究以何地为住所耶。第四说谓以法人所准据之法律为准，此说不妥，盖各国对于有限公司限制基严非呈验资本经许可后不能成立也，惟各国限制宽严不同，如法严而英宽则法国人不免依英国法律订定章程而取巧，规避严重之限制也。第五说，法国学者主张以营业中心所在地为准，此说亦不妥，如轮船公司其营业中心在海洋，能谓其国籍在海洋乎？以上诸说均不足采，就学理而言，当以总事务所或本店所在地为国籍也。盖事务所有数处，必有本店支店而总事务所或本店乃营业中心点也。

外国法人应许其成立否乎？按外国法人，多为外国法律所特许。此项法律之效力，仅能及其本国境内。且法人存在之目的，大抵为其本国之公益,非世界之公益,可断言也。故外国法人,除经本国法律明认或默许外,应不认许其成立。于此可见自然人与法人之分别,自然人无论在何国。不失人之资格,法人则非经法律特许可者,不能任许其成立。

疏:自然人当然认为人即非洲黑奴至不认奴隶之国,亦认其有人格。至于法人外国不承认者,吾固不能承认,然如法国,认教堂为法人吾尚认知否乎?关于此有积极消极之二说:主法人实在说者,只外国承认,吾即承认之;主假设说者不能因其本国承认吾即予以承认,当视其有利于我与否,以为断前者英意,后者如德比法俄是也。就德比言德国承认外国之法人须上院许可,比国则凡本国认可之,法人对外国法人方认可之,故如盲哑救济会,德虽认可为法人而比不认可,至于法国对于条约之许可,或法律包括者,亦许可之。

外国法人非一概不许其成立也,凡经法律承认者,固俨然有法人之资格,依中国民法草案,第六六条第一项,外国法人不认许其成立。但国家及国家之行政区域,商事公司或法律条约所认许者,不在此限。故中国认许成立之外国法人有三:(1)外国国家及其行政区域;(2)商事公司;(3)法律条约之规定。国家有自然之法人资格,凡经本国正式承认之外国国家,在国际团体中者,固应认许其成立。国家之行政区域,若省若道若县之类,与国家同体,为国家之支派,亦不必经法律认许而自然成立者,自应与国家受同等之待遇。至近世世界交通各国,皆有通商之权。则商事公司之认许,亦属不可少之举。商市公司,有有限公司,无限公司之分。各国对于有限公司有加以限制者,至无限公司,当然认其成立也。法律条约之认许者,为上列之例外。认许有普通特别之不同,此则视其国之情形耳。

疏:有学者之谓国家之为法人兼公私二资格,有时以公法人资格行使国家权力,有时以私法人资格为私法上之交易。至于外国承认国家为法人,乃承认其公法人,非私法人,以承认私法人之必要也。此说殊欠妥当。盖国家只一法人资格,无公私之分,纵欲分之,亦属困难之事也。商事公司有一定营业之目的,各国皆于商法上设严密之规定,厥害尚小。况世界交通日益发达,殊有承认商事公司为法人之必要。惟无限公司责任无限,危险较小。而有限之股份公司则反是,全恃公司财产为债权之担保,故各国对于有限公司限制颇甚,监督特严,非经许可,不认其成立。总之法人之力大害巨,对于外国之法人承认不可不慎审出之也,普通认许乃一概承认之,谓特别认许则限于某种法人承认之谓。

第二节　外国法人之权利

法人为法律所造,非自然人。此自然人得享有人类之自然权利,法人则否,所有之权利,皆为立法家所特许,当立法家认许法人成立,赋与法人权利之时,得随意加以限制。大抵法人皆有目的所赋权利,当以能达目的为止。法人所需之权利为财产权,凡经法律认许之法人,得于承认之国境内为所有债权人债务人,并得行使以上各人之权利义务。既有权利义务,不可无制裁,故人有为诉讼人之权。

本国法人之权利,既如上言,皆由立法家酌量赋与矣。认许成立之外国法人,能否享有同等之权利乎?依民法草案第六六条第二项,凡认许成立之外国法人,与同类之中国法人,有同一之权利能力及行为能力,但依法令及条约不得享受之权利,及外国人不能享受之权利。不在此限。故原则上,凡外国法人与本国法人有同等之权利,惟中国法人所不能享受之权利,外国法人当然不能享有。至本国法人能享之权利,有为外国自然人不能享有者,外国法人亦不能享有也。

疏:一言以蔽之,外国法人不能比本国法人权利多,又不能比外国自然人权利多,故如不动产所有权国家银行股票外国自然人不能享有,外国法人亦当然不能享有。

第三编　民国商法之抵触

第一章　国际私法学说

依上编所述，外国人得享有种种之权利，然外国人享有此等权利时，应适用何国之法律，将依所在国之法律乎，抑依其本国法律乎？不可不加以研究也。

欲解决此问题，宜先解决法律主权之效力，有以地为范围者，有以人为范围者。故法律有两种主权，土地主权与人民主权是也。两种主权因私益关系冲突时，是为法律之抵触，视学者所持之主张于两种主权，偏重其一，而属地主义属人主义之说出焉。大抵国际私法学者，决定法律抵触应用之法律，实不外属地属人二说，其余学者，皆根据此两说者也。

第一节　法律区别说

第一款　法律区别说之源流及基础

法律区别说，肇源于封建。封建时代，人属于地。凡在领土之内之人民，不论其属于何籍，皆受本地法律之支配。是为绝端当属地主义。其精意可以数话括之：(1)国家为保护其独立权起见，在其主权内，应享有惟一之法律主权，故凡人与物之在领土内者，不论其为久居或暂过，皆适用本地之法律；(2)国家法律之主权，以领土为限，故凡人与物之在领土外者，即使未失吾之国籍，不得再施行我国之主权。

属地主义消灭法律上土地主权人民主权之抵触，使国际私法大部分失其效力。凡外国人至我境者，关于家族财产，皆视为默认我国法。反是，吾国人至外国者，一切法律关系，皆受所在国法律之指挥。理论简单，庸非甚善。顾依绝对属地主义之结果，使权利义务，皆无固定性质。得以偶然之旅行，变更其身份之现状，危险甚大。学者知其然也，乃倡为物法人法之区别，此法律区别说之所由生也。

疏：如甲国十六岁为成年，至乙国乙国二十岁为成年，则是先成年而后变为未成年，不便殊甚焉。

物法人法之定义。凡法律以物为主者，为物法，以人为主者，为人法。物法效力，限于境内。凡物在领土内者，不问其所有者占有者为何国人，皆适用之。人法效力，得及于境外，随人而行。故物法为属地主义，人法为属人主义。因其区别法律为二，故谓之法律区别说。

疏：原来以物为主者为物法，以人为主者为人法。嗣后，凡关于属地主义者皆为物法，关于属人主义者均为人法。如财产生活能力全部属地主义，一部属人主义。法律行为形成之通例，依行为所在地法，亦属人主义，无论至何地方皆有效也。然其为形式，并非人而亦曰人法乃相浴已久，名与实不能尽符也。

物法人法之原则，虽为法律区别说学者所公认。至其界限，则聚讼纷纭，莫衷一是。在属地主义极盛之际，本学说之出现，使法院受外国立法家之命令，与本国主权，似有妨碍。法律区别学者，乃为之辞曰依原则法律效力，仅能及于境内。然其结果，使人之身份能力，时有变迁，殊为不便，世界交通，彼此以礼让之故，许外国人之在吾国者，适用其本国法律，无非国家之好意耳。然何种法律，应依国际礼让之旨，许其施行于境外乎？诸学者持说不一，且时有矛盾，试分陈之。

第二款　巴托鲁斯及罗马法诠释家学派

法律区别说，倡自罗马法诠释家学派，而巴氏实为中坚。其说大盛于十三、十四世纪，当时意大利商务日盛，深感绝端属地主义之不便。巴氏学派应运而出，以诠释罗马法之方法，求法律抵触时适用之道。巴氏之意，依原则法律皆为属地法，但人法得为例外。例如限制能力法律，得行于境外。但限制能力法律，亦不尽依属人主义。巴氏认为应区别有益之限制及可耻之限制，惟有益之限制，乃适用属人主义。

疏：有益之限制非限制，乃保护也，可耻之限制非保护实限制也。前者如保护无能力之人，而规定未成年人禁治产人之行为无效，是后者如女子，无继承权是。

物法人法之区别，即巴氏亦感其困难，而关于继承为甚，有时乃根据于句辞以为别，凡句首言人者，为人法，句首言物者为物法。

疏：法国法父死子均分其财产，英国法父死长子继承其财产，一则许分，一则不许，究为人法乎，抑为物法乎，巴氏无以解，乃以首字为人为物以别之，如言，凡继承人如何如何，则为人法，凡财产如何如何则为物法，此实无可如何之状态也。

巴氏及其学派于此等区别，不无可疵。然于封建时代属地主义极盛之际，能为属人主义辟一地位。开近世学者之源，且其学说中有二说，尚为今日所宗：

(1)行为形式，依行为成立地法。

(2)契约自然结果，适用行为地法，不及预知之结果，适用履行地法。

疏：行为形式难有一定，各不一致，有须公证人到场者，有须订立书据者，有不须何种形式，仅合意即可者，如法国，结婚须赴县署签字，而中国之文明结婚,只证人证书即可。所谓依行为成立,地法则不论其行为之内容如何,只依其外形而定也。契约自然结果即契约内容所定明者,如买卖米谷之类,不及预知之结果。如标的物不能交付(米腐无米可代)而赔偿他物是前者,因其人对于该地法律知之。详细而又料及必适用,故适用行为地法。后者因履行时方发生问题出人意表,不适适用行为地法,故适用履行地法。

第三款　十六世纪之法国学说

法律区别说于十六世纪大盛于法国,其著名之学者凡三人,曰狄慕兰(Dumoulin)、曰达想脱雷(Drtgentre)、曰郭钩乙(Coquille)。

疏:法国革命前各地各自为政,风俗不同,引用法律区别说于国内以免各地习惯之冲突。此三学者所以皆以法律区别说,说明各地习惯者也。

甲.狄氏学说。狄氏之意依封建原则,凡习惯皆为属地法。惟与巴氏同于属地法之外,承认属人法之位置。巴氏依据之区别,狄氏以为未善。彼不问法律之造句如何,但求法律关系之目的专为人之关系为人法,得行于境外。专为物之关系为物法,仅行于境内,其兼及人与物之关系者,应用何法,狄殊未能明言,且时相矛盾。

疏:如甲地十六岁为成年,有处分财产能力。乙地十四岁为成年,设十五岁人住在甲地而财产在乙地,可否赴乙地处分财产?狄氏曰可。盖依财产地法为成年,有处分财产能力也。此说未免矛盾,盖人法随人,不能随物也。

狄氏发明之学说,为关于契约。巴氏学派谓契约,应依行为地法。易言之,即属地法也,狄氏则以当事人意思为先,法官得依契约之内容或当时情形。揣测当事人意思,以定其志愿准据之法律。

疏:狄氏所言虽多,巴氏所已言,然亦有特为阐明者,即契约重当事人意思是也。如二英人在中国不知中国法律仍照本国法订约，当然重视当事人意思，而以英国法为准据。又或就当时情形，虽英国人知英国法，即或避英国法而照外国法为行为，亦应就其意思而处断之。至其意旨，则从其契约订立之情形及条件等辨之，不宜采行为地法。此说有功于国际私法甚大也。

乙. 达氏学说。达氏之意与狄氏同，凡法律皆为属地法，惟人法得为例外之属人法。然达氏属人法之范围不及狄氏之广，依达氏区别人法为二：(1)普通能力法律，适用属人主义；(2)特别能力法律，仍用属地主义。例如成年年龄之规定，于人之全部身份有关，为属人法。夫妻赠与之限制，仅关于一部分能力为属地法。

达氏于全部能力之法律，亦有认为应用属地主义者。例如私生子之认为嫡子，因其与继承财产有关，达氏认为不仅属于人法，乃于人法物法之外，倡立一混合法，凡兼及人物之法律者属之。此等法律，关于财产，应以财产所在地法。易言之，即属地法也。

疏：人法物法之分本极烦难，又认混合法，更形复杂。且如氏所言，景通能力问题为属人法，稍涉财产即为属地法，原无特认混合法之必要。而狄达二氏一偏于属人，一偏于属地，故关于婚姻财产契约曾为最确之辩论也。夫妻财产（有共有财产制、特别财产制及嫁资制）已订契约固无问题，如在巴里订约，而财产在他处者，亦有为二氏所同，若未订约则依夫之所住地法以推测当事人之意思，亦为二氏所同。惟狄氏谓此种默认契约不限于夫之住所地之财产，即住所地以外之财产亦有效。盖以此种默认契约非习惯，乃契约效力，应及于住所地外也。达氏反之谓只在住所地有效，夫妻财产未订契约，赔依夫之住所地法为准者，非契约乃习惯，皆属地法，效力不能及于他处也。

丙. 郭氏之说。郭氏之说，较上两氏为宽。狄氏达氏谓习惯皆属地法，郭氏以为不然，须察立法家之意旨，凡于人有直接关系者，皆为属人法,其于人之利益无直接关系者,乃为属地法,故属地法几为例外。

郭氏虽偏主属人主义。然适用之困难如故。且时相矛盾。例如谓继承法为属地。而夫妻不许赠与为属人法是也。

疏:继承法为人法,何以认为地法耶?何氏之意见,以为继承偏重财产也,夫妻不许赠与为物法,何以又认为人法耶?何以夫之债权人亦不得受此项财产之清偿?(而禁止夫妻赠与者,为保护子及债权人也,此种见解未免矛盾)

第四款　十七世纪之荷兰学说

法律区别说之中心点,十七世纪移于荷比。著名之学者为蒲谷溺(Bourgoigne)为陆敦蒲(Rodenfurgh)为大伏哀(paul Vaet)小伏哀(yeah Vaet),彼等承达氏之遗风,以属地法为主,以属人法为例外。且倡为国际礼让之说,为近世英美法之宗。

疏:无论何说,皆须立抽象原则。而立法律区别说则均就各个事件个别立论是其缺点也。当时荷比未分,故合一处而讲述之。又英与荷之交易最便,故英国关于法律冲突采者最多。且英美学说不能独立乃,荷兰学说之余波也。

甲. 蒲氏学说。蒲氏谓人乃物之附属品,无物人与行尸等耳。世界非人为主,乃物为主,故蒲氏偏重属地主义。唯关于身份能力之法律,蒲氏亦谓不能属之于偶然旅行,乃例外实用属人主义。顾又为之区别,凡属于债券诉讼为属人法,其属于物权诉讼仍为属地法,例如处分契约。处分之行为为属人法,其交付之行为仍为属地法。

疏:氏谓法律行为可分为二:一为与权行为;一为物权行为。甲地一成年人所为之债权行为,虽至乙地为未成年人,亦为有效,故为属人法。至于交付物件之物权行为,又为属地法矣。此种分类表面虽细,徒增繁琐,且于学理不合。学理上处分行为成立契约即为完成,非必交付方为成立也。故如相对人不履行有请求交付之权,处分与交付实为一行为。强分为二,殊觉失当。故氏说一出,同时即有陆氏出而驳斥也。

乙. 陆氏学说。陆氏驳蒲氏之议,以为一人与同一行为,不能时为有能力,时为无能力。故凡关于身份能力之法律,不论何地即在他地方之财产,亦有效力。不能为处分行为者,当然不能交付。然陆氏之意,仍以属地主义为主,其属人法亦为例外。但为国家利益起见,权许外国法律之适用耳。

疏:此说纯以国家利益为准,不顾论理又奚可者。

丙. 大伏氏学说。伏氏承达氏说,凡涉及全部能力之人法,始适用于属人主义。其关于一部分能力之法律,仍为属地主义。大伏氏关于人法物法之外,亦有混合法之说。惟所谓混合法者,乃行为形式也。

疏:行为之形式,如买卖履某种形式否?婚姻呈报户籍吏否?遗言须用证书否?此种形式关于物及人,故曰混合法者。以行为形式而定,即在何国行为形式而定也。

丁. 小伏氏学说。小伏氏承其父风,区别法律为三类:曰人法、曰物法、曰混合法。惟谓全部能力之法律,得适用于他地方不动产。小伏氏之意,以为三类法律,以原则皆为属地法,不能行于境外。惟国家为礼让或礼让起见,不妨通融许可外国法律之适用。故动产得依所有人住所地法。行为形式得依行为成立地法。

疏:小伏氏谓不动产原则为属地主义,若全部能力之法律则为属人主义,否则不便。如继承财产散于数国,适用数国法律,殊属不便。且禁他国法律适用于我国,他国亦必不适用我国之法律,亦未见其利益也。故为礼让而免纷争起见,不妨许可适用外国法律也。

第五款　十八世纪之法国学派

法律区别说,十八世界复盛于法国,著名学者为播勒拿

(Boulleuois)、为婆伊哀(Bouhicr)、为弗若兰(Froaland)。彼等之缺点,为未能脱离法律区别之窠臼,于人法物法无谓之区别,仍为保守。然其扩充属人法之范围及限制属地法之范围,功固不可没也。

甲.播氏学说。播氏不认混合法之说,谓法律非人法,即物法。其人物不易区别时。应以物法论。关于身份能力之法律,皆为人法,得行于境外。凡住所人法及其他地方人法冲突之时,应以住所人法为准。人法物法冲突时,应以物法为准。

疏:如住所地法以十六岁为成年,他地法以十八岁为成年,则以住所地法十六岁成年。

关于动产依所有人所在地法,易言之,即属地法。关于债权之法律、身份能力,依当事人住所地法。契约之形式性质条件,依契约成立地法。契约效力,依执行地法。

疏:关于动产,依所有人所在地法与所有人住所地法不同。住所地法为属人主义,此则动产随人而移,所有人移于何地,即依何法,故曰依所有人所在地法纯为属地主义。易言之,即为动产所在地法也。

乙.婆氏学说。婆氏谓人法物法,不易区别时,应以人法论。此说与播氏相反,而与自然理相合。何人在万物之上,自当以人为主。偏重属地法学说,有使同一财产,依无数法律处分之弊。且使财产之转移管理,皆陷于困难之境。婆氏以属人法为主,凡身份能力及契约法律,皆为属人法,其属地法,仅为例外。

丙.弗氏学说。弗氏谓关于身份能力之法律,即在他地方之财产,仍适用之。例如遣属年龄之规定,诸学者皆谓须依财产所在地法。弗氏则谓依当事人住所法,弗氏与婆氏同。凡身份能力之法律,不问全部或一部,皆适用属人主张。

疏:现今难尚有主张法律区别说者,然至弗氏已渐衰矣。

第六款　法律区别说之评论

法律区别说,对于封建时代之绝对属地主义,自有进步,然仍未能脱离封建之余习。视物太重,以人为其附属。且其采用属人主义,不根据于权利,而根据于礼让好意。既不足以为法律之基,且全视法官之自由心裁,毫无定准。彼等以为适用外国法律全持国家之礼让,否则有损国家之主权。殊不知外国法律之适用,非必有损本国之主权。国家为保护本国主权起见,关于国际公共秩序,自不能使外国法律之适用。物法然,人法亦何独不然。故法律区别学者,仅于物法有限制。而近世属人主义学派,于人法亦以不害国家公共秩序为限,较法律区别学者,尤为重视主权也。

疏:法律区别说之学者,以采用属人主义为根,担礼让好意,亦不尽然。如中国二十岁为成年,西班牙二十五岁为成年,今有二十一岁之中国人至西国西国,以属人法之故认为成年,非好意可知。且既为礼让好意,既无一定标准,任裁判官之自由裁量,殊不妥当。又此派学者重视主权而偏重物法,然人法何独不然,实矛盾之见也。故宜是视外国之法律损我主权与否为准,不宜以人法为准。如中国有妾人法也,西洋则重一夫一妻,则以妾为违反善良风俗则是人法有时亦妨害公秩良俗也。又如俄国宣告死亡则继承开始,其人虽生已无人格。然被宣告死亡而无人格之俄人至他国者,他国不认以人法之故,而许其俄法也。

人法物法之区别,既非科学上之区别。且诸学者,关于法律之种类,关于适用之办法,人异其说,莫衷一是。故法律区别说,实为过渡时代之学说,非吾人今日所宜也。

第二节　德国学说

十九世纪,德国学说代兴。重要之学者,为繁歇得(Waechtor)、为薛夫纳(Schaefhner)、为沙维泥(Savigny)。德国学说之特质,为有哲学性质。彼等有歉于国家礼让之说,以别求适用外国法律之原则焉。

第一款　繁氏学说

繁氏谓凡对于诉讼争执事件,欲知应用于本国法或外国法,应先研究本国成文法。有无明文规定者,依明文。无明文者,应揣度条文之意旨。依何国法办理,若意旨晦昧,无从探寻时,适用法官之本国法。又外国法于本国善良风俗公共秩序有违背时,不适用之。

疏:违背公秩良俗者,如前述中国多妻制及俄国死亡宣告是。盖凡法律者,皆为本国利益而设。如婚姻之条必注重本国社会情况,非为外国人之利益。故此种法律应从属于人,不论其人至何处也

第二款　薛氏学说

薛氏与繁氏同,谓法官遇两种法律抵触时,应考求法律关于此项抵触之解决。有无明文规定,其并无规定者,薛氏谓应依法律关系成立地之法律。凡人之身份能力,以住所法为准。关于全部财产,以住所法为准。一部分财产,以物之所在地位为准。

疏:全部财产如继承财产、破产财团是,一部分财产如让与财产之某种是。全部财产而入继承者,由死亡人之地而生继承,故以住所法为准。一部分财产,如甲在中国于英国有一房屋者,则以英国法为准。

第三款　沙氏学说

沙氏与法律区别学派及上列德国诸学说,皆不同调。沙氏于法律抵触时不问人法物法之区别,法官本国或行为地之法律何若,其意以为首须研习法律关系之性质。或用本国法,或用外国法。依法律关系之性质言之,初无所容心于其间也。依沙氏凡人身份能力依住所地法,财产依物之所在地法。债券契约内容,依履行地法。形式依行为地法。

沙氏谓适用外国法,与本国主权,宁无冲突。惟国家之强行法,得不许外国人法律之适用。

疏:任意法无论何地皆可适用。强行法则只本地适用,不行于外,而外国人至该地者亦须服从。

第四款　德国学说之评论

德国学说,较之法律区别说,自有轩轾。弃人物法法无定之区别,而易与科学之基础。且排斥国家礼让之说,而主张人民之权利,其功有足称者。

但其说缺点,亦复不少。如繁氏谓依法官本国法处断,则复限于属地主义之陋习。薛氏所谓法律关系成立地,沙氏所谓法律关系之性质,有时辨别正非易事。故德国学说,仍嫌未能精确耳。

疏:法律关系成立地,往往不明。就契约言订约签字之地为成立地乎?抑说合地为成立地乎?

第三节　意法学说

第一款　通　　则

国际私法所以解决法律土地主权与人民主权之冲突。法律区别说及德国学说。虽各有其是,于解决之道,究嫌未能精确。一八五一年意大利玛志尼氏(Mancini)因倡本国法属人主义说,意法学者,靡然从风,一时称盛。

疏:玛志尼为民族主义之代表而统一意大利者,盛倡本国法属人主义适用于外国,渐成一派,遂与德意志学说并峙焉。惟意法学说属人主义与从前所谓属人主义不同,从前一国中有数民族各有法律,只可谓国内之属人主义,此则为国际属人主义,不以住所论,而以国籍论也。

玛氏之意,为关于私益之法律,皆以人之利益为主体。除第二目所举之例外,皆为属人法,适用于外国。且为之说曰国家生存之要素,固为土地人民,而人民实较土地为重。国家土地主权,仅人民主权之附属耳。法律为本国人民而设自应不分国境,随本国人民而适用于各地焉。

意法学者所主张属人主义，为本国法之属人主义，非住所法之属人主义。古时法律区别说之属人主义，以住所法为准。应当时并无国籍，不得依据住所也。近世英美学者之属人主义，沿于积习，亦以住所法为准。意法学派，以为住所有迁移，国籍有定准，故属人主义皆以本国法为准。惟有下列情况时，始依住所法：(1)当事人国籍不明时；(2)联邦法律冲突时；(3)反致法。反致法者，甲法委之乙国法，乙国法还委之甲国法是也。例如意大利民法第六条。谓凡人之身份能力及亲关系。皆以本国法为准。假使有住所于意大利之英国人。身份能力问题，依意大利法，应从英国法。然英国法固以住所法为准者，复反致于意法。以此反致之故，意国法官应从住所法处断。

疏：美英原则为属地主义，然亦往往以外国人住所地法为准。如中国人在日本有住所而往英国，英美派依日本法为准，意法派则依中国法为准。何前者以住所论，后者以国籍论也？英美学者谓国籍非即有其人利益之所在，如华侨久在美，何以异如其如此救济？何如直采本国法属人主义，且采住所地法有时住所不明，困难殊甚，不若国籍明显而易于准据。故现在各国除英美丹麦阿根丁等采住所法属人主义外，皆采本国法属人主义也。

反致法见诸各国例案原非定为法律，盖为便利起见也。然有反对之说如意英两国法律互相推诿之例。有谓此时意国仍应守外国人身份能力，适用本国法之规定，不宜因英国以住所法为准而即听命英法也。况所谓本国法指其实体法言，初非指应从其适用之法而言。然意指立法家以有身份能力以其本国法为准之规定者，原为外人利益计。苟该外人之本国抛弃其利益，固不必强，又何妨舍我之规定而从彼之规定，以住所法为准即适用意法也。况英国既有住所法之规定而依据之，即系依该本国法处断，则虽表面适用意法，实质仍适用英法也。又有谓反致法有互相推诿无有止境之弊，殊不知意大利民法第六条谓适用法律问题,而英国法则以出生时之住所定其成年与否之能力问题,非适用住所法之规定,无反致无已之弊。故为免法律冲突之弊,反致法为不可缺者也。

凡法律不问其关于身份能力或关于物产,皆为人法。法律区别说人法物法之分,实为武断。因法律之设,无非人之幸福利益,其偶因社会公益,关于物产有特设禁止之条者,仅属例外。易言之。法律皆属人法也。

第二款　属人主义之例外

甲.国际公共秩序之限制。凡法律皆为属人法,依原则国家应许外国法律之适用。然立国于世,必有自卫之权。假使外国法律与国际公共秩序抵触时,自可不许其适用也。公共秩序,有国家公共秩序与国际公共秩序之别。前者仅为本国人民服从之法律。后者并为外国人民服从之法律。两者并基于公益,而范围之广狭不同。例如身份能力问题,为国际公共秩序,顾外国人无服从之义务。外国人所应服从者,为国际公共秩序,例如公法刑法之规定,皆为国际公共秩序。关于此项规定,外国法律当然不许适用。公法刑法之外,何者为国际公共秩序,应由法官自由斟夺。盖公共秩序之界限,随时势为变迁,立法不能预为规定也。

疏:国家不能因尊重外人之权利而牺牲自己之利益,故如妨公共秩序仍不能任外国法行使。惟公共秩序有国内国际之分,前者本国人服从,后者外国人亦须服从。所谓妨公共秩序者,指国际公共秩序而言。如英宪自由较德宪为宽,英人至德不能据英宪主张自由也。且公共秩序因地因时而异,就离婚言,俄人不许,苟外人主张离婚,俄则认为妨害公共秩序而不许也。

乙.行为形式之例外。本国人在他国为法律行为时,关于行为之形式,应依所在地法乎?抑依本国法乎?近世学者,大抵一致皆谓应依所在地法。凡法律行为,皆有内容形式之分。例如契约,其当事人之能力意思表示契约物件,皆内容也。其证明契约之存在者,例如文书制造之公证人之验证或其他公布之规定,皆形式也。内容不能依所在地法,形式得依所在地法。凡以所在地形式为法律行为者,不论至何国,其形式皆属有效。盖形式之规定,或以避欺厌,或以避奸诈,要视其国之风俗道德以为衡。故形式规定,国异其法。苟以所在地法成立者,苟在无公证人之国,焉能强制其适用。且本国人离国久者,往往未必深通本国法律,强之遵行,反多不便。此形式依所在地法之学说,所以为各国所公认也。

疏:法律行为非仅有内容且须有形式,而行为形式必依所在地法者。其原因有二:(1)理论上之原因。即所以避欺厌奸诈也。如私生子逼父认知、男女强行悔婚之类,若有公证人及公布等形式,则可免其弊端。(2)实际上之原因。盖形式往往甲国有而乙国无之。就私文书而言,各国亦有明定其形式者,如遗言须亲署且须有相当资格之证人,如不依所在的法,仍依本国法,则去国既久,情形暧昧不便实甚也。

形式依所在地法。关于寻常形式,自无疑义。关于必要形式,非如此行为无效,是否亦依所在地法乎?例如法国民法九百三十一条:赠与必经公证人之证明,否则其赠与无效。设法国人在许私文书赠与之国,以私文书赠与,法国法官能否认为有效?学者之说不一,然外国人常有无公证人者,自应认为有效也。

疏:有谓必要形式为内容之一,无此则其行为无效。亦依本国法不能依所在地法,有谓如此主张太苛。盖立法当时并未分寻必要之形式,且必要亦不外形式内容可比,仍应依所在地法为正当也。

形式依所在地法之例,为任意,抑为强迫?甲项之国际公共秩序为国家之公益,自为强迫,本项例外为个人之私益。设当事人不顾从所在地法，而故从本国法者，自可听之。

疏：不仅当事人有反对表示不适用所在地法，即如外国人之本国法不许依所在地形式，亦不能适用所在地法。惟于此有一问题，甲国人嫌其国形式繁难而至乙国，依乙国形式为法律行为，其效力如何？罗马之时，欺诈行为认为无效，则此种取巧行为自不能认许之。然现今则有积极、消极之二说：积极说曰行为形式依所在地法之例外，原为便民，设不之许反有不便。且是否规避取巧，殊难许之，不过形式而已。初无何等妨碍，否则此种例外适用之范围甚狭，未免失当；消极说曰取巧行为不可放任，而不禁致启人民之涉巧心，故不许也。据余所见，前说为当。

丙. 当事人自由意思。凡法律有必须遵行者，例如身份能力及关于公共秩序之法律是也。有以当事人意思为主不必遵行者，当事人以法律范围以内，固可任意选择。适用之法律，不问其为本国法抑外国法也。

当事人于遗嘱契约，皆得以自由意思，不适用本国法。遗嘱除遗嘱人之身份能力，应依本国法，形式应依所在地法。公共秩序应予遵守外，当事人得以自由意思支配其家庭选择继承人，不必定依本国法之规定。至契约，凡在法律范围以内，当事人的自由依据何种法律，且契约条文无明文者，大抵皆应视当事人之意思。愿从何国法律，当事人同籍者，自应视为依本国法；倘同籍者，或依所在地法，或依执行地法。应揣度当事人意旨定之。

疏：遗嘱应遵守之公共秩序，例如特留财产及私生子不得较嫡子多分财产之规定，不得违反是也。

总之，凡法律皆属人法，得施行于境外。惟以上三项，或以国家公益，或以私人利益，特许为例外耳。

第四节　现今诸国法例

法律抵触诸家学说，分三大派，既如上所述矣。（英美学说实为荷兰学说之嫡系,不能自成为派别,故不具论)现今诸国法例,果依据何种学说乎?按各国法律,对于解决法律抵触之规定,有共同之点。即外国人应服从所在国之公法及土地法律是也。其差异之点,为身份能力之法律,有分外国人服从所在国法者,有许其从本国法。惟或以不侵害公益为限,或以不侵害所在国之私益为限者,亦有绝对许其从本国法者,大抵可分为四类。今依次述之于下。

疏:公法如行政法规、租税法规、刑法、违警罚法,皆为之土地法规。则各国关于土地之政策,有采大地主义者,有不然者,要皆于与各该国公益有关也。

甲.英美法律。

英美法律承封建余习,不认法律之人民主权,而采用绝端的土地主权,故其解决法律抵触,全用属地主义。行为发生于英美地者,不论何种行为,即关于身份能力,亦适用英美法,惟实际上以国家礼让好意之。故关于外国人之身份能力家族,已渐行采用住所主义,不可谓非进步也。

疏:此主义之结果,英人在外国法,而外人在英国亦服从英国法。如法国浪费人受华禁治产宣告而至英国,英国仍与常人同视。

乙.意法俄比荷葡西罗诸国。

意法诸国,许外国人关于身份能力,适用本国法,但以不侵害所在国公益为限。本类主义为本国法属人主义之正宗,以意大利民法为最完全。今但意举例大利民法,关于身份能力亲族法律,适用本国法,惟为之限制曰:凡在王国内之人,应服从刑法、警察法、治安法。又无论何国之法律判词行为契约,不得违背王国善良风俗公共秩序之法律。关于不动产,依不动产所在地法。行为形式,依行为所在地法。继承依死之人本国法。契约当事人同籍者,如别无意思表示,依当事人本国法。不同籍者,依行为成立地法。要之意大利民法,实根据于意法学说而成者也。

疏:法比西诸国法律只规定本国人至外国适用本国法,而外国人至本国适用何国法,并无规定,殊欠,完全不如意大利法。两方皆设规定,较为完全。且法比关于此只三条:(1)外人须从治安法、警察法;(2)外人须从土地法;(3)本国人至外国,关于身份能力从本国法,因不完全,故多争端解释上以刑法,包于治安法中。西班牙,与此略同。荷兰学说,原属地主义。自今而言之民法第九条规定,对于本国人外国人一体待遇。尚有解为属地主义者,未免误解。盖第九条之规定,乃指权利之享有非法律之适用也。且就第六条观之,荷兰人至外国者,于身份能力仍适用本国法亦可,为属人主义矣。多数学者向谓俄国采属地主义,近今学者调查之结果,亦不外属人主义。盖俄国民族四十余种,各从其法,例如波兰人至今尚采法国法之属人主义,可以知矣。统一本部之帝国法亦采属人主义,仅旁波尔底海一小部分,采属地主义焉,故将俄国列于第二主义中。

丙.德奥瑞士。

德国诸国关于外国人之身份能力,亦许其使用本公法。惟与所在国人或住民不利益者不许使用,仍用所在国法。例如德国民法第七条凡身份能力法律适用本国,但无能力外国人,在德国所为之法律行为,依德国法有效者,仍为有效。奥国民法第三十条规定:凡外国人在奥国所订之契约,或依奥法,或依外国人本国法,视契约之利益定之。瑞士民法第十条末项曰,无能力之外国人依瑞士法有能力者,其在瑞士所为之契约仍属有效。

疏:德奥瑞士之规定皆偏于保护本国人。就德国而言,如荷兰二十三岁、德国二十一岁为成年,今有二十二岁之荷人在德为法律行为,依原则言能力问题,应从荷法。而德国以其成年所为之行为,应为有效。就奥国言,如土耳其人十六岁为成年,在奥国为法律行为,虽依奥法未成年其行为有效。又西班牙人二十五岁为成年，而二十四岁至奥国为法律行为，虽依本国法未成年，而依奥国法为成年，其行为有效。此行为就单务契约而言，若双契约则皆依奥国法，无此区别矣。

丁．东方诸国。

欧美在东方诸国，除日本国外，皆有领事裁判权。故其在人虽在外国，与未去其国无异，一切法律皆适用其本国法，与所在国之公共秩序有无抵触不问也。故东方诸国实无法律土地主权可言。

综上所述，现今世界各国，最多采用之主义，为本国法之属人主义。此项主义最为公允，他日世界必有一律采用之时，1902 年海牙条约已开其例矣。

疏：海牙条约内容关系于未成年人监护人等之条约签约者十九国，可见各国趣向同矣。

第二章 关于人之法律抵触

第一节 身份证书

凡人莫不有身份，吾人一日生存，即一日有身份。且于已生未死之间，常有变移动身份之事。国家本人第三人皆有确知身份之利益，故各国于出生认知私生子，承继禁治产，婚姻，死亡，皆有身份证书之设。

身份证书之制作，各国有委之于职官者。德法诸国是也，有委之于教士者。丹麦瑞典诸国是也，俄奥诸国分别之奉国教者，委之午教士；不奉国教者，委之于职官。

疏：最初多委之于教士，盖视之不甚重要也。然教士之记明，仅就宗教上有关者记之，未必顾及将来之效为如何，故各国多听职官辦理也。至于丹瑞宗教观念最深，尚仍其旧俄国以希腊教为国教，凡奉他教者，不愿照希腊教，告知故委之于职官。

（一）凡本国人在外国者，其身份证书，得用外国人身份证书形式，因证书所证明者事实。之于内容,当依本国法,依形式或从所在国法之通则。如所在国以圣洗证书为足者,亦应许其有效。驻在外国人之本国外交官领事官,亦有制作身份证书权。盖世界各国,或有不知身份证书为何物者且重宗教之国。以宗教之不同,本国容有不愿就异教人请证书身份者。故德法英比各国,皆与外交领事官以证明身份之权。

疏:予外交官领事官以作制证书之职权,实际有其必要也。如英人至土国,土使教士作制证书,而英人不愿就异教请证身份或至中国。中国无作制证书之制,无以证明身份,则该英人可至领事馆,请求制作证书。有学者谓外交领事官有此职权,本于治外法权,固可依本国法作制证书。依此说则作作制书并能证明他国人之事,如英国许外交官领事官有此权。设有英人在法国与法人结婚,则只英国领事作制证书即可证明二人之关系,何以只能证明英人之身份而不及法人乎?须知身分证书本属驻在国之主权,而予外交领事等官以此权者,因系本国人而特予证明之权耳。其证明效力当然不及他国人与驻在国人,而侵害驻在国之主权也。

(二)凡外国人在本国者,关于身份证书,得或用本国证书,或用其驻在外交官领事官证明书,惟以其本国法律许外交官领事官共享有此权者为限。

疏:瑞士外交官领事官须经联邦会议许可后方有此权。

(三)本国人在外国及外国人在本国之身份证书,各国大抵定有互换条约。凡外国人证书。应送副本于内务部,转达外交部,与他国外交部交换。至凡本国外交官领事官,在外国所作者,则每届年终,应将副本送至本国外交部。

疏:互换条约最重者,为出生、死亡、婚姻三种证书。其余证书虽亦有互换者,然甚少也。凡在他国出生,船上出生,有人考查须向外交部为之,至此出生地之地方方官考查之辦法,乃例外也。

第二节　失　　踪

失踪与失踪人第三者及社会利益，皆有影响。故各国于久离居所杳无音讯之人，皆有宣告失踪之举。关于失踪之法律抵触，应如何解决乎？

宣告失踪或作宣告死亡，关系个人权利甚大。依法理本国裁判所，应不能宣告外国人之失踪。惟外国人于本国有住所或财产者，亦得赋裁判所以宣告之权。宣告手续，得依所在国法办理。至于内容效果，应依失踪人本国法。故法国人应为宣告失踪，德国人应为宣告死亡。惟关于失踪，外国法律有害本国公益者，应不适用之。例如荷兰法许失踪人之配偶另结婚姻，在法国则不许，因其犯重婚律也。

疏：关于失踪法系分三期：(1)推测不在；(2)暂时宣告；(3)实行宣告。然其宣告乃宣告失踪也，德法系宣告死亡，配偶人可以改嫁，法国不许也。英法系不宣告失踪，亦不宣告死亡，不过经若干年使继承人享受其利益而已，此盖以趋重社会利益也。

第三节　无能力者

无能力之限制，有以社会利益为主者，有以当事人利益为主者。立法家规定妻无能力，所以谋家族之安宁也。破产人无能力，所以谋债权人之利益也。于犯罪人宣告无能力，所以保社会之利益也。于年龄智识之薄弱者，宣告无能力，则保护无能力为主。

妻之无能力，俟婚姻节言之。破产人无能力，俟于第四编言之。请述其余之无能力者。

第一款　关于年龄之无能力者

各国法律皆分人之生活为二期，成年与未成年是也。罗马古时，以婚姻年龄与成年年龄混合，其后乃定二十五岁成年之制。现今诸国若英美法德俄意瑞典威希腊诸国，皆以二十一岁为成年。瑞士日本为二十岁。银国(即阿根丁)为二十二岁。荷兰西班牙为二十三岁。奥为二十四岁至丹马智利为二十五岁。则犹有罗马之风焉。我国人在外国,外国人在我国,关于能力成年之规定,应各以其本国法为准。依中国民法草案,中国人二十岁为成年,无谕至何国皆为成年,已为世界各国所公认,惟英美仍以住所地法为准耳。

疏:土耳其十六岁为成年,波斯十五岁,中草二十岁,瑞士匈牙利以女子结婚即为成年,怠婚年遗习与成年年龄究从何国法律?此例有四:(1)从前多采属地法,今则尚果智利采之。然人之成年与否,因地而异,甚不妥当。(2)英美采住所地法,然人之住所常生变更,成年年龄不应随之所变更。(3)于是美国采行为地法,谓与外人订约其成年与否多不易知晓,故为保护本国人计,宜以行为地法为准,然其弊害与前二主义同。(4)近来多数国采属人法,以人之身体发育因地不同,同非从本国法不合立法之精神。惟有例外二:(a)无国籍人应从住所地法,盖以国际私法之原则,先本国法次住所法也;(b)德奥瑞士原则依其本国法,惟于本国人不利益时则依德奥瑞士法。如外人未成年与德奥瑞士人订约而依德奥瑞士法,成年之时即为有效。其他各国虽无明文规定,亦有见诸判例者,如法国是也。于此有附带问题不可不一言及之,如瑞士二十一岁之成年人归化荷兰,而荷兰二十三岁方为成年,则此人为成年乎抑未成年乎?德民法仍以成年论,日本则以未成年论,二者皆有理由。前者谓人已成年,则所为之法律行为必多,若因归化变为未成年,则其行为皆为无效,相对人必受不测之损失,故以成年人论。后者谓即变更国籍,即应受新法支配,其为未成年也无疑矣。前说便于实际,后说合于理论。故有注重实际而采前说者,亦有注重理论而采后说者。

关于未成年人监护之设置,应依本国法,抑依财产所在地法?英美法律,依财产所在地法。然监护人之设置,实以未成年人利益为前提。设依财产所在地法,势将有无数监护人出现。故各国通例,关于监护人之设置性质职权，皆以未成年人本国法为准。凡人事动产，依未成年人本国法，自无疑议，其不动产有谓依所在地法者。然不动产之管理处置，立法家皆准度未成年国情而定，亦应依未成年人本国法。监护人所以保护未成年人之利益，凡遇监护人法律与未成年人法律冲突时，应以未成年人之法律为准。

疏：一家之中往往异籍。如甲为英国人，其子乙归化法国，乙之未成子丙随同归化，亦为法国人。设甲为其孙丙之监护人，则生法律之冲突矣。

未成年人结婚及为工商业者，各国有特许免除能力限制者，应视其本国法之规定。例如英国不认此项免除，则英国人自不能享有此权利。至于特许之国，关于保佐人之应否设立及其他法律，亦应以其本国法为准。故意大利人须十八岁方能免除，法国人十五岁即能免除。

第二款　关于精神之无能力者

不但未成年人已也，已成年人不能自理其家产时，各国国家亦多加以保护，此禁治产准禁治产之所由来也。凡外国疯人亦或精神衰弱或浪费者，应否为之设保护方法乎？关于武疯有害公共秩序者，法律之保护方法，对于外国人亦得行之，自无疑议。然能否宣告禁治产准禁治产乎？学者之说不一。藉曰能之，则一切法律，则依其人之本国法。例如英国瞽者宣告禁治产，法国浪费者应宣告准禁治产，各从其本国法也。

疏：一谓宣告禁治产等，与人之能力大有关系，当由本国法院宣告，方为保护周密。若外国法院亦许宣告，殊于保护人权之旨相悖。一谓只有宣告禁治产等原因无论内外国皆可宣告。二说皆偏于极点，故德日等国原则由本国宣告，而例外限于妨害公秩时，所在国亦可宣告。

第三款　刑法上之无能力者

各国对于重罪犯人，有宣告民法上死亡者，有宣告禁治产者。对于外国人,应若何处置乎?

疏:犯罪宣告民法上死亡者,如俄国是。宣告禁治产者,如法国对于十年以上徒刑者是。

甲.犯人在外国宣告者。刑法为公共秩序,外国人亦应遵守,如刑法上应宣告者,自应依法宣告。纵使其人之本国法,并无此项刑法,亦所不论。例如中国人之在法国者,因受长期徒刑之结果,宣告禁治产。即使中国法无此项规定,亦应执行。惟所受宣告能力之限制,在科刑国之外,不复有效。因犯罪人既对于科刑国犯罪,其能力之限制,亦仅于科刑国境内有效。一出该国之境,不复有效。与科刑国之利益相妨,自应仍依犯罪人本国法律办理,不复受能力之限制。

疏:如英国人在俄国犯罪受死亡宣告,或在法国犯罪禁治产宣告,一出俄法之境即不为死亡及禁治产人矣。禁治产人矣。此盖由于刑法效力,只刑于境内不及于境外当然结果也。

乙.经犯人本国宣告者。本项情形,与上项不同。上项仅为警察法之限制,本项则更有国籍之关系。且身份能力之法律,既以本国法为主,应不问身份能力变更之原因。但经本国宣告者,世界各国,皆应承认。例如法国人因受长期徒刑宣告禁治产者,无论至何国皆为有效。但有碍于现在国公共秩序者,则不许之。例如不许民法上死亡之国,应不认民法上死亡之宣告。

疏:有谓无论在本国在外国宣告者,外国皆可不承认之。盖以刑法之效力,只及于境内也。苟依此说,则本讲义之分款说明不合矣。且犯人在第三国,第三国只有依法处罚,无其他之关系。而犯人在本国,则由统治之关系,人民宜终服从。况立法当时多按民俗而定,学说既以本国法为主,则依本国法处置之。犯人无论到何国,皆应有效。惟有碍现在国公共秩序者,则不许之。如意大利之教士有出家在家之分,对于在家者,以其不出门而宣告无能力。此种制度不合公理,各国皆不承认,即为有碍公秩之一例。

第三章　关于亲族之法律抵触

第一节　婚　　姻

第一款　婚姻之条件

凡两造皆中国人,在外国结婚者,关于婚姻实际条件,例如结婚年龄父母许可等语,应依中国法方为有效。凡外国人在中国结婚者,亦如之,各依其本国法。例如西班牙十四岁之男子,十二岁之女子,应许可其成婚。瑞士人及二十岁即可自行结婚,不必经父母许可也。其外国法律有害于本国善良风俗公共秩序者,得不许之。故关于阶级宗教民族之歧视,非共和国所宜有,皆所不许。又一夫多妻之制,表姐妹大小姨结婚之制,在不许之国,皆无通融之余地。

疏:实质条件如须父母许可、须达婚年是。形式条件如结婚礼式是。前者依本国法,后者依所在国法。印度人分四级,不准互婚,阶级歧视也。美洲白人不准与黑人结婚,民族关系也。又有限制本国教人不准与异教互婚者。亦有如中国土耳其波斯许一夫多妻者,如西藏许一妻多夫者。皆凡此种种,在不许之国,皆以妨害本国公秩而不许也。

上节所论,为两造皆系中国人或外国人。假使两造不同国籍者,应各依其本国法。盖自婚姻成立之日起,乃有妻从夫法之原则。在结婚日以前,妻固外国人也。关于一切条件,自应从其本国法。外国人婚姻条件合法与否,德法意奥诸国,皆令外国人取得其出生地或本国住所地之官长证书以为凭。其不能得上列证书者,应请外交官证明之。

要之婚姻实质条件,依当事人本国法,各国已多一致。一千九百〇二年六月十二日海牙条约,签字者十一国,第一条即著婚姻实质条件依结婚人本国法之旨。

第二款　婚姻之形式

甲.本国人在外国结婚。依形式所在地国法之原则,应以所在国法为准。例如塞尔昆以宗教仪式为主者,或如美国但以双方同意为主者,各从其规定。

本条之设,所以便利本国人婚姻之缔结。其不愿依所在国法者,得赴本国外交官领事官处,请求证婚。

疏:如塞尔毗在教堂行婚礼,不入其教之外国人往往不愿至其教堂行礼,故有此便利规定。

乙.外国人在本国结婚。凡外国人在我国结婚者,关于结婚仪式,得依我国法律。或依其本国法,赴外交官领事官处缔婚,故两美国人得许以双方同意结婚。德法英意诸国,多许外交官领事官主婚。西班牙则无身份官吏之处始许之。我国对于外交官为其本国人所主之婚姻,应视为有效。若其为非本国人主婚,则所不许。因有害吾国主权,且非当事人之本国法也。仪式依所在国法,或由本国外交官领事官依本国法办理,皆为有效。海牙条约第五条,亦有明文规定。

第三款　婚姻之效力

甲.身份。婚姻为契约之一,依契约效力,得以当事人意思规定之原则。以婚姻效力之大小,亦可由当事人自由规定。然婚姻契约,非他种契约可比。婚姻关系于社会甚大,所有效力,皆经法律规定。有公共秩序性质,非当事人多能增减也。

但此项公共秩序,大都系国家公共秩序,非国际公共秩序。易言之,即本国人应行遵守,外国人不必遵守。外国人两造同籍者,应依夫之本国法。惟其本国法有碍国际公共秩序者,则不许之。例如英国丈夫得责闭其妻,在法国则所不许,因其有碍身体自由之旨焉。妻无能力,为各国法律所公认。然关于代理人之权限,有须特别许可者,有得普通许可者,应依夫之本国法办理。学者有谓限制妻能力法律,为国际公共秩序,凡外国人皆应遵守在所国法律者。不知妻之无能力,为保护夫之利益,于国家公益无关也。

疏:法国不许普通许可,只许特别许可。如关于某事项许妻独立经营而与以许可书,是意大利则反是。

乙.财产。婚姻之效力,不仅及于身份,于财产亦多影响。婚姻财产制,或明订契约,或不明订。明订者,关于订约之能力,应从本国法。契约之形式,应依所在国法。或用公正合同,或用私文书,应各从其制定。

(一)曾订婚姻财产契约者。婚姻财产契约,与他项契约同,当事人得以自由意思拟订。设当事人不愿用其本国法,而愿用外国法,亦所不禁。惟无论用何国法,要以不侵害公共秩序为限。例如法国嫁产制之禁止买卖,于他项婚姻财产制国不适用。婚姻财产契约之适用法律,当事人明白表示时,应以其所表示者为准。不明白时,应推测当事人之意旨,以夫之本国法为准。因妻从夫籍,当契约发生效力时夫妻业已同籍,自应依夫之本国法办理。

疏:有谓应依结婚地法者,其实不如以本国法。盖以夫妻相为婚姻利益相同也,故多数学者主张此说。

(二)未订婚姻财产契约者。各国法律许夫妻自由定契约,选择婚姻财产之制。但未定约自择者,应认为默许法定之财产制度。法定制度,各国不同。有取夫妻共产制者,有取夫妻分产制者,有取嫁产制者。

凡两造在外国结婚,未定约者,依狄慕兰说作为默许契约。然默许契约,依何国之法定制度乎?有谓应从结婚地法律者,有谓应依住所地法律者。究以依夫之本国法为当也。例如法国人在英国结婚,未定约者,应视为取夫妇共产制。但此为推测之举,若当事人有别项意思表示,愿取他种制度者,固可听之。

不论当事人立约与否,所采之制度,即在于他国之动产不动产,一律适用该项制度。又婚姻财产制,不能任意变更。如夫于中途变更国籍者,应以结婚时夫之本国法为本。

第四款　婚姻撤销及离婚别居

凡婚姻成立后,得行解散。如裁判撤销或离婚或仅免同居义务,要皆为婚姻之变更也。

甲.婚姻撤销。凡本国人在外国结婚,及外国人在本国结婚,经请求宣告无效者,应依何国法审理乎?关于实质条件之无效,应各依其本国法办理。至形式条件之无效,依所在国法办理。关于本国法之适用,以不侵害所在国公共秩序为限。故凡黑白婚姻无效及主奴婚姻无效,在共和国家不适用之。反是,凡违背公共秩序者,即其本国认为不能撤销者,所在国得撤销之。例如爱巴尼(Albaniə)之女子,未得同意,经其父强婚与人者,虽依爱律不准撤销,法国得许其撤销,盖以公共秩序所关也。

乙.别居离婚。各国法律有兼许别居离婚者,有但许离婚者,有但许别居者。外国人或许离婚或许别居,应各视其本国法以为衡。惟在不许离婚之国,以婚姻为背乎道德,即外国人本国法许可离婚者,不得允许。又所在国许其离婚,而其人之本国法不许者,亦所不许。故请求离婚别居者,应本国与所在国法皆有此制乃可。或谓离婚系公共秩序,外国人应予许可。然此系国家公共秩序,谓本国人民不能定反对之契约。至于外国人离婚与否,固为国家所不许。

疏:宗教观念以为婚姻不许解散,遂有别居制度,不令夫妻断绝关系后渐进而为离婚。故英法比等国兼许离婚别居,俄奥瑞那只许离婚,西葡意等只许别居,盖以宗教观念深也。

凡所在国与其本国皆许离婚者,关于离婚之原因效力,应以其人之本国法为准。惟于所在国公共秩序有妨害者,不适用之。例如英律通奸必须兼有重婚或亲族相奸情形,方许离婚。设法国人但以通奸请求离婚者,英国得不许之。因通奸之调查,英国认为有损人名誉。又如瑞士痼疾亦为离婚原因之一,然英法皆所不许。以痼疾正需人调护,于善良风俗上,应不许其离婚也。

疏:英国以单纯通奸调查殊难,且于公共秩序有妨。若重婚及亲族相奸调查甚易,固可论求离婚也。

别居离婚之效果亦然。不论当事人关系,或动产不动产,皆适用其人本国法。惟关于所在国公共秩序,得不许其适用。例如英国奸夫得与离婚妇结婚,法国则不许,为家庭安宁计也。

疏:英国以为因奸夫之故而离婚,为人道计,固应准其结婚。俾妇有所归,否则离婚妇太难堪矣。

别居得请求变更离婚,其年限或为三年,或为五年,应视其本国法。

疏:别居已逾数年之久,仍不能和睦,则名为夫妇,而实已义绝,不如离婚矣。请求别居离婚,须其本国法及所在国法均许可者,方许请求之旨。订明于一九〇二年关于别居离婚之海牙条约。

第二节　亲　　子

婚姻所出者为嫡出子,婚姻以外所出者为私生子,以契约认父子之关系者为养子。试分述之。

第一款　嫡　出　子

子为嫡出与否,如在外国提起诉讼,应依何法审理乎?或谓子之嫡出与否,为证据问题,应依所在国法审理。但此项证据乃许可何种证据问题,非证据形式问题。证据形式固应从所在国法,至证据之许可与否,与人之身份有关,应以本国法定之。

嫡出子所应证明者,为其母之婚姻。假使婚姻业已证实,则于婚姻中所怀胎之子，应推定为母夫之子。惟母夫有否认之权，否认诉权之许可与否，应依本国法办理。其有础于所在国公共秩序者，得不许其适用。例如法国不认天阉为否认之原因是也。

疏：法国以为天阉系生而如此，抑临时病致，证明殊难，故不认为否认之原因。

子与母夫不同籍者，如法律抵触时，应以子之本国法为准。因两种法律抵触时，依原则应以利益较巨者为主。本目子之利益，实巨于母夫，因其关系一生之身份也。

疏：若子出生为中国人，后变更国籍为法国人，则从中法耶？抑从法法耶？曰：应从中国法。以父子关系从出生时成立也。

第二款　私　生　子

私生于中国，父母皆无可考。依国籍法，为中国人。设数月后，其外国父母出而认知。关于条件效力等，将依父母法乎？抑依子法乎？论子从认知者之籍，似应但从父母本国法。然认知确定以后，乃有变更国籍之事。未确定前，子固中国人也，则中国法亦不能恝置。故认知条件效力，应依据认知者与被认知者双方之本国法而定之。故英国人不得有认知私生子之举。法国重婚及亲属相奸所出之私生子不许认知，因其本国法所不许也。

疏：英国不许认知私生子，设英人在法国认知，法人在英国认知，皆所不许。盖以认知须双方法律允许也。法国原则许认知私生子，例外于重婚及亲属相奸之子有碍道德，不许认知。虽他国许之，而至法国认知亦不许也。

强迫认知之许可与否，亦应依双方之本国法许可。假使本国许可，而所在国以为有碍公共秩序者，得不许之。例如强迫认知父亲，诸国法律，常有不许者。

私生子之认嫡,有不许者。有由元首特许者,有以父母婚姻为条件者,须从本国法定之。

疏:英国不但不许私生子认嫡,且不许认知。西义诸国,则由元首特许而认嫡,至以父母婚姻为条件者,如法国是,惟父母永不结婚将无认嫡之期矣。

至认知之形式,得或依所在国法,或依本国法。故西班牙人在法国认知私生子者,得用公证书,或用私文书。

疏:法国须公证书,西则私文书亦可。

第三款　养　　子

养子制度之许可与否,应从其国法,故英国人不得为人养子或养他人为养子。至养父养子之能力条件效力,亦应从其本国法。例如意大利人十八岁,即得为人养子,法国人必须二十一岁。养子与养父法律抵触时,应以养子法为准,因其利益较巨也。

疏:养子乃人为家族,英国荷兰皆不许之。盖以若许人为家族,则人多不结婚,于国家不利也。

第三节　亲　　权

对于子之身体财产管理权,为亲权。罗马时代,认为父之利益而设。今则认为子之利益。亲权为家族问题,应以本国法,惟以不侵害所在国公共秩序为限。例如惩戒方法,所在国不得许之。至对于子之财产,行使侵权人有用益权,或有管理权,应依从本国法处理之。

疏:英国父得监禁其子,法国得审判厅许可亦可监禁,瑞士则不许。设英人在瑞士监禁其子,认为妨害公共秩序而不许之。又法国父对于未满十八岁子财产有用益权,英国仅有管理权耳。

父子法律不同时,应依何国法律处理乎?亲权之组织,专为子之利益,于子扶养教育道德,息息相关,自应以子之本国法准。用益权表面上虽属父子利益,实际所以勉励其管理之良善,仍应以子之本国法为主。

疏:由上权之关系于人之法律抵触,除事关公共秩序外,概以适用本国法律原则。

第四章　关于财产之法律抵触

第一节　物　　权

关于财产之法律,若物权,若债权,皆为人之幸福利益而设。故此类法律仍应为属人主义为主,而辅之以公共秩序所在地形式及当事人意思诸例外耳。

法律区别说,关于物权分为动产不动产二类。动产依当事人住所法,不动产以物之所在地法。以此项分别,似多不便。依意法学说,凡动产不动产,皆以当事人本国法。惟与所在国公共秩序有碍者,不许适用耳。

第一款　所　有　权

关于所有权之法律,实有二类:(1)关于国家公益之经济政治政策;(2)关于所有权之私益、公益之法律。外国人应行遵守,私益之法律则不必遵守。

单纯所有权之法律,不涉及所有人者,大概皆为国家公益而设,应依所在国之法律。例如所有权之种类,卫生之限制,动产不动产之区别,土地税之设置皆是也。所有权之移转取得及当事人之能力,应各依其本国法。惟登记形式之法律,应以从所在国法。

疏:动产不动产之区别不同。如农具作为不动产者,船舶及蜂房作为不动产。如法国认蜂房作为不动产,荷兰反之。此区别之实益,则不动产可抵押,动产则否。又如时效规定,二者亦不同也。

时效取得,为公共秩序而设,应依所在国法。故法国遗失动产者,得于三年内向善意人追取,在意大利遗失者其期限为二年。

第二款 地 役 权

地役与土地有密切关系,无论法定地役或契约地役。关于地役之种类性质,应以所在国法为准,故在不许对人地役及土地阶级之国,得不许之。

疏:法定地役多关于公益,如行军时经过其地是。对人地役盛行于封建时代,人附于地,不准擅离开。大革命后以为妨人身体之自由,此风遂革。土地阶级亦封建时代之遗风,当时分为贵族地、平民地等,英国现尚存此制焉。

地役之取得丧失,亦依所在国法,故外国人在英国得于二十年取得地役,法国则须三十年。

第三款 担保物权

担保物权关系于公共秩序甚大,与上二权相等,应依所在国法。故担保物之性质种类及其手续,皆依所在国法定之。凡不序动产抵押权之国,得不许之。

疏:担保物权有抵押权、质权二权。法国不认动产质制度,因为动产不登记,不足以保持交易上之安全故也。

担保物权之取得丧失及当事人能力问题,则依本国法。至其成立原因,如法定全部财产担保等,皆依本国法处理。

先取特权之种类效力,应依从物之所在地法。盖先取特权之设置,实以社会公益为主也。

吾人在外国,能否将在本国之不动产设担保物权乎?曰:然。关于买卖赠与本国不动产,皆能于外国行之。何独靳于担保物权之范围,以当事人本国法准。故比意法律,妻及未成年者之担保物,以婚约及亲族会指定者为限。法国法律,则及于全部财产。

疏:关于物权法,意学者主张依所在国法,关于经济问题故也。至于能力等问题，当然依本国法。

第二节 债　　权

债权发生在之原因不同，有基于契约者，有基于法律者。试分论之。

第一款 由契约发生之债权

契约有双方单面有偿无偿确定偶然之分。债权之成立，各国法律大都须：(1)当事人有能力；(2)确实物件正当原因；(3)意思表示。

当事人能力应依本国法，故在夫妇不许赠与，不许定终身服役契约之国人。虽在外国，亦所不许。

疏：如法国法服务契约，不准五年以上，盖即禁止终身服务契约也。

契约之形式，如当事人同籍者得或依所在国法。不同籍者，应依所在国契约形式之效力，亦以所在国法为准。契约之内容效力，以当事人自由意思定之。法国民法第一、二、三、四条曰：凡当事人所定契约者，于当事人间与法律有同等效力。当事人在公共秩序善良风俗范围之内，得以自由意思订定契约，并得适用外国法律之规定。外国法经当事人引用入契约，即为契约之内容，失其外国法性质矣。

疏：契约之内容效力不关于公益，当事人固可以自由意思定之。如买卖契约其价金多寡、物品优劣、履行日期，皆可自由定之。

当事人并未明言适用何国法律时，如当事人同籍者，依当事人之本国法。不同籍者，或谓依物所在地法，或谓依债务人本国法，或谓依履行地法，或谓依行为地法。意法学派则以行为地法为善，其同一法律行为，而行为地有二处以上者，例如以信电定约等类。学者有谓应依通知地法者，有谓应依受通知地法者。然契约之成立，在通知人得受通知人复信之后，自应以通知地法为宜。

疏：各国通例，债权人债务人两国法抵触时，多以债务人本国法为准。故有主张依债务人本国法者，至依履行地法亦有不便。苟两方不知履行地法则无办法，不如依行为地法，当事人均能知之也。

契约内容效力，依行为地法，有例外二：(1)行为成立地在海中或无主地时，应依履行地法；(2)行为地法与所在国公共秩序有妨者，例如不认奴隶赌博重利契约之国，得不认之。契约之性质移转消灭时效，均以债权成立地之法律定之。至债权之履行，依当事人之意思，常有订约时所不及预测者，应以履行地法为准。

疏：赌博为自然债务人自由履行外，不能以诉主张之重利盘剥，各国多不许之，盖以违反公秩良俗也。

第二款　事务管理不当利得及不法行为发生之债权

凡债权不发生于双方同意，而发生于单独行为者，既未得债权人之同意，似契约自由之旨，不能适用。然事务管理不当利得，立法家多称为比附契约，盖此等虽非契约，而立法家以为当事人若能自由发表意思，其所愿正复相同。既为比附契约，则吾人亦得以比附契约，而定其适用法律。质言之，凡当事人同籍者，依当事人本国法。不同籍者，依行为地法也。

至不法行为，或为有意，或为无意，要为公共秩序所关。凡加损害于人者，不论何国人，应负损害赔偿之义务。故凡不法行为，应依事实发生国之法律处断，事实发生在外国者，同籍之当事人，依当事人本国法。不同籍者，依行为地法。

第五章　死亡之财产转移

财产生前之移转，上已及之。至死后移转，有法定相续与遗嘱相续之分。欲知相续适用之法律，应先审定相续法律之宗旨，以物之经济利益为主，抑以死亡人意思为主？由前说者，谓相续以财产为主，关系于政治经济甚大。故贵族国采长子制，共和国采均分制，相续法律实为公共秩序之法，外国人应予遵守。质言之，即相续法律，应依物之所在地，然此说使相续财团受无数法律之支配，不便孰甚。且相续法律，实非公共秩序，除少数条文外，死亡人得以自由意思变更，遗嘱固为死亡人自由志愿，即法定相续，亦为死亡人之推测志愿，自以依本国法为宜。且无论动产不动产，一以本国法为衡。近世德意志法西诸国，皆从此说。

第一节　法定相续

凡死亡人未为遗嘱者，依各国法律，皆依法定相续之程序行之。关于相续开始之时间、原因，皆以本国法为准。凡在本国开始相续者，不论动产不动产，于其他地方之财产一律适用，死亡失踪为普通相续原因，各国均予承认。至民法上死亡，在不认此制之国，得不认相续开始。

继承人能力问题，应不依死亡人之本国法，而依继承人之本国法。因法定相续之程序办法，以推测死亡人志愿为主，故依死亡人本国法。若继承人之能力，则在死亡人志愿之外，应依继承人本国法。例如遗腹子在腹中，能否继承，应视遗腹子之本国法定之。继承之次序虽依死亡人本国法，但于所在国于公共秩序有妨者，不适用之。例如在平和主义之国，不认男统长子统也。

疏：遗腹子在腹中，能否继承，各国不同。英国只怀孕即可继承，法国则需生而能活方可继承。

死亡无戚族者，财产归国库，将归本国国库乎？抑归所在国国库乎？主张国家为继承人者，应归本国国库。主张国家为占有无主产人者，应归于所在国国库。

疏：于此情形，国家当然为继承人。因继承人不仅继承财产，且须负债，苟认为占有人而不负债殊为不当。

继承人承受相续与否，悉以死亡人本国法为准。故在不认有限承受之国，虽其财产不认许之国，不得不偿相续财团不敷之债务。

第二节 遗 嘱

甲.遗嘱人之能力。作遗嘱人依其本国法,应有制作遗嘱之能力。例如英人二十一岁乃能为遗嘱,西班牙人则十四岁即能之。西班牙浪费者不得为遗嘱,无论至何国皆适用之。唯于所在国公共秩序有妨者,不许适用本国法。例如西班牙僧之坐关者,不得立遗嘱,而在不认宗教区别之国,自应许其为遗嘱。

疏:僧之坐关即闭户潜修也,与华僧之隐居深谷不问事世者同。

承受财产人之能力问题以承受人本国法,故意大利之小孩尚未怀胎者有继承权。

疏:如甲有财产应暂交其弟乙,约明乙有子时使之继承,意国法许之。

一部分限制能力问题亦依其本国法,例如意大利不得遗嘱与公证人,法国未成年人于监护人未交账以前不得遗嘱赠与是也。

乙.遗嘱之形式。形式得依所在国法。例如法国人在英国者,得于两证人前为遗嘱。如当事人愿依本国法者亦得为之,各国法律大抵皆许外交官领事馆有收受遗嘱之权。

丙.遗嘱之效力。遗嘱之效力以死亡人自由意思为主,其中条件并得使用外国法律。如死亡人并未明言适用何法者,以死亡人本国法为准。

遗嘱效力及于境外之财产,但不得与所在国者之公共秩序有妨。故在强制分析之国,如遗嘱中有俟未成年后,再分析之条款,不适用之。

第六章 附则:法人之法律抵触

外国法人在吾国有权利义务,已于上编言之。关于外国法人应依其成立国之法律处理,抑依所在国之法律处理乎?未经认许之,外国法人在吾国无权利义务之可言。其已经认许者,学者有谓外国法人之成立与否,全视所在国之认许,应依所在国法律办理者。然法人成立,在所在国认许之前,法人成立之原因权力之范围,皆经法人成立地国。审度规定,除有害所在国公共秩序外,固应许其适用成立地之法律。盖法人成立地法,即法人本国法也。

第四编　国际诉讼法

在前数编中，我人既述外国人之权利义务及其应依据之法律。然制裁方法，果何在乎？凡我国之债权人对于外国人，能否适用通常之强制执行方法。至外国人权利被侵害者，在我国有无请求裁判之权及外国判词，在吾国有何等之效力，此本编研究之问题也。中国为有领事裁判权之国，凡外国人与外国人之诉讼，均就审于其本国领事。至外国人与中国人之诉讼，则归被告国之裁判官审理。依此办理似本编实无研究之价值，唯领事裁判权，为世界之特殊制度。吾人研究学术自应以通常制度为准也。

第一章　本国审判厅对于外国人之管辖权

第一节　本国人诉外国人

本国人诉外国人。关于不动产诉讼，其物在本国者，所在地审判厅自有审理之权。关于人事动产诉讼，依诉依诉讼条例。以原就被，似应在外国人之住所审判厅起诉，然各国法例可分为二类：(1)法荷波兰罗马尼亚诸国凡本国人对于外国人，即外国人住所不在本国者，得于本国审判厅起诉传讯；(2)其他各国，凡外国人与本国人一律适用以原就被之通例，但对于第一类诸国之国人，有时适用例外。

主第一类说者，大抵对于外国审判厅有歧视之意，恐其对于我国人或有不公平之裁判。然世界人类相对皆无义务，其谓他人对之负义务者，自应就负义务人所在地起诉，若令被告就原远道跋涉所费不贷，毋乃非平。且我国对于外国法官，若存歧视，易伤国际感情，往往外国因我国不信任彼国之故。对于我国为报复之图，对于我国人之不在其国者，亦许其国之审判厅审理，是与我国人民亦无利益，故世界各国大多数皆取第二类主义。不论本外国人，一律适用以原就被之例，唯下列各人，即使于我国有住所居所，合于诉讼通例。我国审判厅亦无审理之权：(1)各国君主；(2)各国驻在外交官。

第二节　外国人诉本国人

凡外国人对于本国人得在本国审判厅起诉，为各国所公认。但各国于外国原告有令纳保证金者，如德法奥荷瑞士诸国是也。有不必缴纳者，如意大利、丹马(丹麦)、瑙威(挪威)、葡萄牙诸国是也。保证金之制，所以防外国人之健讼，且使本国人之胜诉者，得所指赏。德法诸国，凡外国人为原告者，或为第二审之原告，或外国人互相诉讼者，皆不适用保证金之制。且本国人对于保证金之缴纳，亦得以契约明辞或默辞，以其无关于国家公益也。

第三节　外国人诉外国人

凡外国人对于外国人之争讼，本国审判厅有审理之权，亦为各国之通例。英、美、德、意诸国，皆取此义。但法国判例，不认两造外国人诉讼之权。其理由有二：(1)国家设置审判厅，原为判断本国人民之诉讼；(2)本国审判厅对于两造皆系外国人之讼案，必为受理。审判官势必须于各国法律加以研究，其结果有碍本国司法之进行。然诉讼权，乃自然权，外国人亦应有此权利，不得谓专为本国人而设。至研究外国法律，遇有外国人与本国人之诉讼，审判官亦有研究之必要，不得谓有碍司法进行，故法国学者皆以判例为不当。而其他各国，无采用法之主义者。

第二章　诉讼手续法之依据

关于外国人之诉讼一切手续，应依法厅地法抑依其本国法乎？学者分为主要形式及普通形式二种主要形式。直接影响其所主张之权利，实非手续法之伦，应依权力者本国法办理。普通形式，例如诉讼提出之手续、进行之方法、判词之宣告、执行上诉之规定，皆为一国法厅组织根本之法，自应依法厅法办理。无论何国，关于诉讼普通形式，不许适用外国法也。

主要形式与普通形式之区别，有时甚难明了。大抵何种证据之许可提出，自首宣示之许可与否，皆为主要形式，应依权利本法办理。至证据之提出方法，自首宣示之形式，则为普通形式。依法厅地法办理，或谓证据自首宣誓，所以取信于法官，似应依法厅法办理。然在权利行为发生之时，当事人若在许口头证据之国，未及写有笔据。设一旦以债务人迁居之结果，竟不许口头证据之提起，殊非公平之道。故通例证据等之许可与否，以权力发生时为标准。否则证据无定，即权利亦无定也。

凡诉讼有涉及外国人者，例得请求外国官厅之协助。例如证人之代询，鉴定之代行皆是。至外国人传唤之法，依一八九六年海牙条约，得由审检厅经外交手续，请求外国官厅之代传。英、美学者，谓本国官厅不应受外国官厅之命令。然实际诸多窒碍，故各国皆许共助也。

第三章　外国判词在本国之效力

凡判词通常有两种效力：(1)已判决之事实，不得再提起诉讼；(2)官吏应为胜诉人强制执行。以学理论，外国判词，应于本国不生效力。因外国法官所判断者,根据于其国之主权,其施行效力,不能达于境外。然使各国皆固守此原则,凡于外国得直之诉,于本国须重行起诉,殊于诉讼人有莫大之损害。故各国对于外国判词,多有特许有效之条。Exquatur 此项特许,大抵由审判厅发给。或但求于法庭国程序无误,即可特许者,意大利、葡萄牙国是也。或以外交上之相互,程序无误,即行特许者,德、奥、西班牙等国是也。或对于外国判词,不援同一事实,不得再诉之通例,许本国审判厅审查程序外,并得审查事实,举行再审者,法、比、希腊诸国是也。有外国判词,在本国毫无效力,本国但得依据事实,另为判决者,英、美、瑞典、丹马诸国是也。

凡经本国特许之外国判词,其效力与本国判词等。本国官吏负有执行之义务。其在判词有一般抵押权之国。更于债务人财产,享有一般抵押之权。

[国际私法讲义终]

修正国籍法

第一章　固 有 国 籍

第一条　下列各人,属中华民国国籍:

(一)生时父为中国人者;

(二)生于父死后其父死时为中国人者;

(三)生于中国地父无可考或无国籍其母为中国人者;

(四)生于中国地父母均无可考或均无国籍者。

第二章　国籍之取得

第二条　外国人有下列各款事情之一者取得中华民国国籍:

(一)为中国人妻者;

(二)父为中国人经其父认知者;

（三）父为可考或未认知母为中国人经其母认知者；

（四）为中国人之养子者；（增加）

（五）归化者。（修正）

第三条　外国人因认知取得中华民国国籍者须备下列条件：

（一）依其本国法尚未成年；

（二）非外国人之妻。

第四条　外国人或无国籍人，经内务部许可得归化。（修正）内务部非对于具备下列各款条件者，不得为前项之许可：（修正）

（一）继续五年以上。在中国有住所者。

（二）年满二十岁以上。依中国法及其本国法为有能力者。（修正）

（三）品行端正者。

（四）有相当之财产或艺能足以自立者。

（五）本无国籍或因取得中华民国国籍即丧失其本国国籍者。

无国籍人归化时，前项第二款之条件，依中国法定之。

第五条　外国人之妻非随同其夫不得归化。（修正）

第六条　下列各款外国人现于中国有住所者，虽不具备第四条第二项第一款条件，亦得归化：

（一）父和母曾为中国人者；

（二）妻曾为中国人者；

（三）生于中国地者；

（四）继续十年以上在中国有居所者。

前项第一款至第三款之外国人非继续三年以上，在中国有居所者，不得归化。但第三款之外国人，其父或母生于中国地者不在此限。

第七条　外国人现于中国有住所，其父或母为中国人者，虽不具备第四条第二项第一款、第二款及第四项条件，亦得归化。

第八条　外国人有殊勋于中国者，虽不具备第四条第二项各款条件,亦得归化。

内务部为前项归化之许可,须经大总统核准。(修正)

第九条 归化须于政府公报公布之。(修正)

归化非公布后,不得对抗善意之第三人。

第十条 归化人之妻及依其本国法未成年之子,愿随同取得中华民国国籍但妻或未成年子之本国法有反对之规定者,不在此限。(修正)

前项但书规定不能随同取得中华民国国籍之归化人妻,虽不具备第四条等二项各项条件,亦得归化。

第十一条 归化人及随同取得中华民国国籍之子,不得为下列各款公职:

(一)大总统副总统;

(二)国务卿及各部总长;(修正)

(三)立法院议员及地方自治职员;(修正)

(四)最高法院长;

(五)平政院长;

(六)审计院长;

(七)全权大使公使;

(八)陆海军将官;

(九)各省巡按使。(修正)

前项制限,除第一款外,依第八条规定归化者,自取得国籍日起,五年以后,其他自取得国籍日起。十年以后,内务得呈请大总统核准解除之。(修正)

第三章 国籍之丧失

第十二条 中国人有下列各款情事之一者,丧失中华民国国籍:

（一）为外国人妻，取得其夫之国籍者；

（二）父为外国人，经其父认知者；

（三）父无可考，或未认知母为外国人，经其母认知者；

（四）依自愿归化外国取得外国国籍者；

（五）无中国政府许可，为外国官吏或军人，受中国政府辞职之命令，仍不从者。

依前项第二款、第三款丧失国籍者，以依中国法未成年或非中国人之妻为限。

依第一项第四款丧失国籍者，以年满二十岁以上，依中国法有能力，并经内务部之许可者为限。（修正）

第十三条 依前条第一项第四款之规定，须经内务部认为无下列各款情事者，始丧失国籍：（修正）

（一）届服兵役年龄未免除服兵役义务，尚未服兵役者；

（二）现服兵役者；

（三）现任中国文武官职立法院议员或地方自治职员者。（修正）

第十四条 中国人虽有第十二条第一项各款情形之一，并无前条各款情事。若在下列各项情事之一者，仍不丧失国籍：

（一）为刑事嫌疑人或被告人；

（二）受刑之宣告执行，未终结者；

（三）为民事被告人；

（四）受强制执行处分未终结者；

（五）受破产之宣告为复权者；

（六）有滞纳租税或受滞纳租税处分未终结者。

第十五条 丧失国籍人之妻及未成年子若随同取得外国国籍时，丧失中华民国国籍。

第十六条 中国人丧失国籍者，丧失非中国人不能享有之权利。

丧失国籍人在丧失国籍前，已享有前项权利者，若丧失国籍后，一年以内不让与中国人时，归属于国库。（修正）

第四章 国籍之复回

第十七条 中国人因婚姻丧失国籍者，婚姻关系消灭后，如于中国有住所，具备第四条第二项第五款之条件时，经内务部之许可，得回复中华民国国籍。（修正）

前项规定，于依第十五条规定丧失国籍之妻准用之。

第十八条 依第十二条第一项第四款规定丧失国籍者，既于中国有住所，并具备第四条第二项第三款至第五款条件时，经内务部许可得回复中华民国国籍。但归化人及随同取得国籍之子，丧失国籍者，不在此限。（修正）

前项规定，于依第十五条规定丧失国籍之子，具备第四条第二项第二款者准用之。

第十九条 第十条规定于第十七条、第十八条情形准用之。

第二十条 回复国籍人，自回复国籍日起三年以内不得为第十一条第一项各项公职。（修正）

前项制限内务部得呈请大总统核准解除之。（修正）

第五章 附　　则

第二十一条 本法施行规则以教令定之。

第二十二条 本法自公布日施行。

法院编制法

目　　次

绪 论

第一节 司 法

欧洲当各国当古昔时代，凡审判事件悉归于行政官厅。自孟德斯鸠倡三权分立之说出，于是司法独立之制度遂为各国宪法所公认。吾国古代司法形式上虽未独立，而实质上则已独立，考之典籍足征者多。桃应问于孟子曰："若舜为天子，皋陶为士，瞽瞍杀人，则如之何？"孟子曰："执之而已矣。""然则舜不禁与？"曰："夫舜恶得而禁之？夫有所受之也。"此为司法独立之证一；汉文帝行出中，渭桥有一人从桥下走出，乘舆马惊，于是使骑捕属之廷尉。廷尉奏："当一人犯跸当罚金"，文帝怒曰："此人亲惊吾马，吾马赖柔和，令他马固不敢伤我乎？而廷尉乃当之罚金！"释之，曰："法者，天子所与，天下公共也。今法如此而更重之，是法不信于民也。"良久，上曰："廷尉当是也。"此为司法独立之证二；宋苏轼作刑赏忠厚之至论，有曰当尧之时，将杀人。皋陶曰杀之三。尧曰宥之三，故天下咸畏皋陶执法之坚。此为司法独立之证三。洎乎前清末叶倡言立宪而后乃设各级审判衙门，形式上之独立盖自此始,然规模虽已粗成,具因限于财力故迄今未能臻于完美也。

第二节　法　　院

法院者,行使司法权之国家机关也。其范围有广义法院与狭义法院二种之区别。广义法院者,包含通常审判衙门、检察厅、海陆军军法会议、行政裁判所(权限裁判所)、惩戒裁判所等一切机关皆在其内。狭义法院者,则专指通常审判审判衙门及检察厅二者而已。本法之所谓法院乃系指狭义法院而言,至广义法院则让之于其他法令,而不属于本法范围之内也。

疏:中国古无法院而司法一职只有专官虞之士,周之司寇、汉之廷尉皆昔得所谓司法官吏者也。

第三节　法院编制法

法院编制法者,规定通常审判衙门及检察厅之组织及权限之国法也。昔时各国关于法院之编制无成文之法典,大都散见之于民刑诉讼法中。厥后学术昌明,学者多以为法院之编制关系重要,宜特别制定一种法律,国家采其说而实行之者。德意志实为各国之先导,日本沿德国法例,名之曰裁判所构成法。然从其表面上观之,于检事局一种机关似觉遗漏。吾国则称谓法院编制法,举审判衙门及检察厅包含之浔,可谓斟酌尽善矣。

第四节　法院编制法之编纂

规定于法院编制法之中者有四种机关:一为审判衙门;二为检察厅;三为书记官;四为承发吏。四种机关之中,尤以审判衙门最为繁复。故本法之编纂,自第一章以迄第十章,首将审判衙门之组织及权限先为规定,庭丁则附属于法庭,非另一机关,故以之附于审判衙门之内。第十一章规定检察厅之组织及权限。第十二章则总承以上各章,而规定推事及检察官之任用。第十三章、第十四章规定书记官、翻译官及承发吏之职务，不独与审判衙门有相关联之处，即与检察厅亦有关联之处，是以继审判衙门及检察厅之后，即为分别规定。第十五章规定法律之辅助。第十六章规定司法、司法行政之职务及监督权则，又系统承以上四种机关之规定，并非仅指审判衙门及检察厅而言。由是观之，本法编纂之方法，自第一章以至第十六章，首尾相衔，丝毫不紊，亦可谓秩序有序也。

第一章　审判衙门通则

第一条　审判衙门共分为四如下:(一)初级审判厅(删,理由见前);(二)地方审判厅;(三)高等审判厅;(四)大理院。

按:本条系规定审判衙门之等级及其次序,初级审判厅为最下之级,由初级而上则为地方审判厅,再上则为高等审判厅,再上则为大理院,阶级秩序然,不容或紊。但此阶级制度纯为次序上之关系,要不含有统辖之意味,盖审判衙门之性质以级级独立为莫大之原则也。

审判衙门之阶级虽分为四,而其审级则限于三,即在初级审判厅起诉者,则地方审判厅为第二审,高等审判厅为终审为终审,其在地方审判厅起诉者,则高等审判厅为第二审,大理院为终审,此即所谓四级三审制度也。

审级制度各国不同,如德之采用四级三审制(两头三审),法之采用三级三审制(一头三审),奥之采用三级两审制(一头两审),繁简疏密,各有其利害得失。吾国今日究以采取何制为宜,虽尚为一般学者所聚讼,然据吾人之意见,中国幅员辽阔,交通未便,三级两审制固绝对不可用,三级三审制亦有不恰于国情。权其利弊,犹以采用四级三审制之为得也。

第二条　审判衙门掌审判民事刑事诉讼案件,但其关于军法或行政诉讼等,另有法令规定者,不在此限。

按:本条系规定审判衙门之管辖及其权限,所谓民事诉讼者即适用民法商法及其他一切私法关系以判断权利义务之争执是也。刑事诉讼者即对于国家刑法有侵犯之时国家得科以刑罚之事项是也,民事诉讼定理之曲直,而刑事诉讼则判罪之有无。审判衙门既有审判一般繁赜,一国之内人民之众阶级高下,万有不齐,或以身份而异,或以事项而异,故有特别资格之关系者,则必有特别审判衙门以审判其诉讼,方能曲得其当,是以本条有但书之规定。关于军法者即海陆军军人犯罪,应由军法会议审判之。关于行政诉讼者,即因行政官厅之违法处分而受其损害者,提起诉讼于行政裁判所者是也。唯此种特别审判衙门,须为法令所规定者,方能依本条办理。

本条之所谓民事者,商事亦隐伏其中,欧洲各国关于商事审判之制度有三:

(一)特设商事审判衙门者:法、比。

疏:法国商事审判厅发达最早,经数次改革始成为完美之制度,其推事皆从商人中选举之。

(二)特设商事庭者:德。

疏:德国系于各联邦审判厅内另设一庭,专为受理商事案件即以民庭推事为庭长,别从商业会议所中推荐二人为商人推事。

(三)设商人陪审制者:英。

疏:英国则用商人陪审制度为其仲裁,审判即关于事责上之争点,当事者亦得请求特别陪审官为之参与审判,此陪审其由银行家大商人及富有商业之知识经验者充之。至推事者,则司法官一名,商事选出二名为商事推事。

上述第一制固为保护商人之良法,然法官经费不易筹集,衡之吾国情形,力有弗逮,且商业幼,智识非常薄弱,欲求适当之人充补推事,诚非易事,故此项制度现亦难采用。第三制为英国所行良,以彼邦司法发达最早,人民自治力亦最强,陪审之制纯由历史蜕化而来,大陆诸国欲仿行之而未能,遑问吾国。故只能于商务繁盛之地多设民庭以便受理商事,诚以中外情形不同所采制度自不一致也。

然现在学者多主张设商事庭者,其重要之理由谓商事重惯习,而惯习又往往为制定法典时所未网罗,若使法官受理商事则一切商场之惯习不能尽知,一字之微,血本所系,定非特设商事庭不足以保护商人。不知现今各国均有完全之法典,而法官有精通法律之义务,即使有特别事项及特别惯习,亦可俟当事者之证明或鉴定人之鉴定。此等理由,实不足为特设商事庭之根据。

第三条　审判衙门按照法令所定管辖登记及其他非讼事件。

按:本条系规定审判衙门管辖民刑诉以外特别事项之权依法令所定云者,即指登记法非讼事件手续法等而言。吾国现在尚未有是等法律之颁布,故本条所称登记及其他非讼事件难为具体之说明。然其所谓登记大抵不外不动产登记、法人登记、船舶登记、商标登记等类,但登记亦包括于非诉事件之内,其他二字之意可以知矣。

第四条　初级审判厅为独任制,其审判权以推事一员行之。(删,理由见前)

按:本条系规定初级审判厅行使审判权时,审判官之组织初级审判厅管辖之诉讼,均属轻微事件而以迅速完结为宜。事件轻微,则一人之智虑足以判断事宜,迅速则一人之意见可免分歧。在人民既无拖累之虞,在国家尤少冗官之患。基此原因,故初级审判厅之审判官以推事一员组织之。

第五条　地方审判厅为折中制，其审判权按照下列各款分别行之：

（一）诉讼案件系第一审者，以推事一员独任行之；

（二）诉讼案件系第二审者，以推事三员之合议庭行之；

（三）诉讼案件系第一审而繁杂者，经当事人之请求或依审判厅之职权，亦以推事三员之合议庭行之。

地方审诉厅独任推事，业经审理之第一审，诉讼案件按照前项第三款所定改用合议庭时，其以前办法仍属有效。

按：本条系规定地方审判厅行使审诉权利时，审判官之组织本法地方审判厅采用折中制。折中制云者，乃兼用独任制与合议制之谓也。因独任制利在行为敏活，而其弊即在一人专断，往往有轻率之虞。合议制利在持重矜详，而其弊即在意见分歧，往往有拖延之害。为补偏救弊，舍短用长，乃合独任、合议两制之精神而并用也。

依四级三审制度，地方审判厅之管辖有第一审事件及第二审事件之区别。诉讼案件系第一审者，其审判权以推事一员独任行之，是以其案件虽属重大而不尽繁杂也。诉讼案件系第二审者，其审判权以推事三员之合议庭行之，是以其案件既经一审犹未解决，则其案件必甚繁复也。诉讼案件系第一审而繁杂者，经当事人之请求，或依审判厅之职权，其审判权亦以推事三员之合议庭行之者，乃所以昭郑重也。

然于此有一疑问，即第一审诉讼案件业经由独任推事审理，中途改用合议庭审理者，其独任推事所有以前一切办法是否有效？依诉讼法直接审理主义观之，凡于中途变更审判官之组织，其审判官于本案未能始终列席者，以不得下判决为原则，令第一审诉讼案件改归合议庭时，其独任推事以前办法合议庭之推事，既未列席当然应归无效，但本条第二项为实际上便利起见，特设仍属有效之规定。盖以此项变更审判官之组织，非根独审判官之违法，乃因案件之繁杂，若必坚执直接审理主义而将以前办法全归无效，由合议庭更新审理，则徒费无益之程序而不能获其他之效果也。

考世界各国立法例，地方审判厅大都采用合议制，本法采用折中制实为现今世界最新之制度，然从法理上严格论之，则审判衙门之所以区分审级者，实因案件之轻重不同。斯多数国家之法制，皆必依于一般人心理而设为待遇，各别之规定如对于轻微案件，则使初级审判厅以独任制处理之，对于重大案件，则使地方审判厅以合议制处理之是也，然其间固具有深意矣。兹乃云系属于地方审判厅诉讼案件系第一审者，其审判权以推事一员独任行之，是地方审判厅与初级审判厅同为独任制，其必区分地方与初级之实益及理由将安在耶？此不能无疑者一。又所谓诉讼案件系第二审判者，其审判权以推事一员独任行之规定相比较，其轻重倒置，实莫此为甚。盖就民事诉讼律草案第二条及第三条刑事诉讼律草案第二条及第四条观之，凡系属于地方审判厅之第二审诉讼案件，虽已经过第一审，然本属于初级审判厅所管辖，以视系属于地方审判厅之第一第二审诉讼案件，特郑重之。而依合议制为之处理固无不可，唯此比较关于第一审诉讼案件，依独人制为之处理者，能免轻重倒置之嫌。

第六条　高等审判厅为合议制，其审判权以推事三员之合议庭行之，高等审判厅审判上告案件高等审判厅长得因该案情形临时增加推事为五员。

按：本条系规定高等审判厅行使审判权时，审判官之组织考东西各国高等审判厅，皆采用合议制，其合议庭大都以推事五员组织之本法，高等审判厅亦采用合议制。惟其审判权以推事三员之合议庭行之为原则审判上告案件应厅长得因该案情形，临时增加推事为五员乃郑重审判之一道也。

第七条　大理院为合议制，其审判权以推事五员之合议庭行之。

按：本条系规定大理院行使审判权时，审判官之组织以四级而论，大理院为最高之级，以三审而论，大理院又为最终之审，故其管辖事项除属大理院特别权限之诉讼案件外，均为上告案件，故其审理必以详慎精密为第一要义，且其判决为全国之模范，尤不得不异常郑重，基此原因，则其行使审判权之审判官之组织，自应采用纯粹五员之合议制。

第八条　合议审判以庭长为审判长，庭长有事故，临时以庭员中资深者充之。

独任审判即以该推事行审判长之职。

按：本条系规定审判衙门行使审判权，审判长之制度。依本法第五条、第六条及第七条规定，地方审判厅之合议庭以推事三员行其审判权，高等审判厅之合议庭以推事三员或五员行其审判权，大理院之合议庭以推事三员行其审判权，高等审判厅之合议庭以推事三员或五员行其审判权，大理院之合议庭则纯然以推事五员行其审判权。夫审判权之行使，既有三员五员之共同行为，则此三员五员为一组织之时，其职权果将平等一致耶？抑于此三员五员之中再各以特为设立审判长之制，本法亦采用此言。惟合议庭审判以庭长为审判长，因一庭之中以资格论，以学识论，以经验论，均应以庭长为最优也。然庭长如有疾病或其他事故不能出庭时，则审判长之职又将谁属？故不能不有以庭员中资深者充之之规定也。

第九条　审判衙门推事审判诉讼案件，其事务分配及代理次序即于未合本法所定者，其审判仍属有效，关于等级及其他非讼事件亦同。

按：本条系规定审判衙门审判官于事务分配及代理次序有违误之时，其审判权之效力依本法第六章之所定，审判衙门内部之组织及其审判官代理之次序，莫不有司法年度以预为规定。盖以司法事项首重秩序，均应采固定主义，方能免流弊。其事务之分配及代理之次序，一经司法年度，依法预定之后，在此年度之内，无论如何均以不得变更为原则，然审判衙门事务分配及代理次序，虽有未合司法年度之所预订，此不过内部之行为,于诉讼本案毫无影响,若必更新审理,徒使诉讼当事人受拖延之害。故为保审判衙门之威严,坚其信用起见而定其审判为有效也。登记及其讼事件虽非诉讼,然其保审判衙门之威严,人民之信用则一故亦准此。

第十条　地方及高等审判衙门各分厅及大理分院审判诉讼案件,准用各本厅及本院之规定,但有特别规定者不在此限。

按:本条系规定地方及高等审判各分厅及大理院之通则,地方及高等审判各分厅及大理分院皆系补助本厅本院之机关,其职权等级与本厅本院毫无区别,其关于审理诉讼上一切组织以及事物管辖等,自应准用本厅及本院之规定。至但书所谓有特别规定者,例如依第二十三条、第三十条及第四十二条规定,分院分厅可适用他厅推事是也。

第十一条　审判衙门之设立废止及管辖区域之分划,或其变更事宜以法律定之。

按:本条系规定审判衙门之设立废止及管辖区域之分划或其变更事宜,以法律定之。

本条系规定审判衙门之设立废止及管辖区域之分划变更必要之形式,审判衙门之设立废止必以法律定之者,盖所以尊重审判衙门防行政部之任意伸缩也。至管辖区域过广则人民之诉讼不便过狭,则国家设立审判衙门之经费必多,故管辖之区域贵乎适中,此管辖区域之所以分划变更,亦不可不以法律定之也。

第十二条　推事员额由司法部呈准定之。

按:本条系规定司法部有呈定推事员额之权,呈定推事员额为司法行政事项,司法部为最高司法行政衙门,故应以此权属之。

第十三条　审判衙门权限及办事方法,本法所未定者,按照诉讼律及其他法令所定办理。

按:本条系规定与本法有直接关系之法令,对于审判权限及办事方法有同一之效力。盖审判衙门权限及办事方法自以遵守本法所规定者为原则,本法之外诉讼律及其他法令所定与本法相关联者,亦属不少,故应按照其所定办理。

第二章　初级审判厅(删,理由见前)

第十四条　初级审判厅视事之繁简,酌置一员或二员以上之推事。

按:本条系规定初级审判厅机关之组织。依本法第四条之规定,初级审判厅为独任制,则必设推事一员固已,然事之繁简不能预订,必从事实上考察方能得其标准,故推事员额须临时酌定之。但此有应注意者即虽置二员以上之推事,亦与独人制不相抵触,因此乃初级审判厅常置推事之员额。员额虽二员以上,至开庭审判时仍以推事一员行之耳。

第十五条　初级审判厅如置推事二员以上,得以资深者一员为监督推事监督该厅行政事务,其置推事一员者,该厅行政事务由该管地方审判厅厅长监督之。

按:本条系规定初级审判厅监督行政事务之权。初级审判厅置推事二员以上,则其行政事务必较繁,而其推事各员职位相当,非如大理院高等审判厅及地方审判厅皆各有长官以监督各本院本厅行政事务。故于此特设监督推事之规定,于推事之中择其资深者一员为监督推事,以监督该厅行政事务。

第十六条　初级审判厅按照诉讼律及其他法令有管辖第一审民事刑事诉讼案件,并登记及其他非讼事件之权。

按:本条系规定初级审判厅事务管辖之权限。考日本裁判所构成法第十四条至第十六条均系规定区裁判所管辖民刑诉讼及非诉事件之权限,今本法于此不为规定,而以其权让之于诉讼律及他法令。兹依诉讼律所定初级审判厅于下列案件,有第一审管辖权。

(一)民事案件(民事诉讼法草案第二条)。

(甲)因金额或价额涉讼其数在三百元以下者(民国四年二月二十五日修改为千元以下)。

(乙)业主与租户因接收房屋,或迁让使用修缮,或业主留置租户之家具物品涉讼者。

(丙)雇主与雇人因雇佣契约涉讼期限在一年以下者。

(丁)旅客与旅馆酒饭馆主人,运送人,船舶所有人或船长,因寄放行李款项物品涉讼者。

(戊)旅客与旅馆酒饭馆主人,运送人,船舶所有人或船长因房贩运送费涉讼者。

(己)因占有权涉讼者。

(庚)因不动产经界涉讼者。

右之所述既已特别规定于民事诉讼法之中,其意义之讲释自可让之讲释该法者,惟就其大,要言之,则甲之规定以诉讼物之额数在三百元以下者为限而乙至庚之规定乃其例外。盖并不以诉讼物之额数为标准也,必皆属之初级审判厅管辖者,一因其请求非属重大,一因其完结贵乎迅速,故使初级审判厅审理之以期适于实际之便宜焉。

(二)刑事案件(刑事诉讼法草案第二条)。

(甲)三百元以下罚金之罪。

(乙)四等以下有期徒刑拘役之罪。

(丙)刑法第三百六十七条、第三百七十七条之盗罪及赃物之罪。

右之所述在本法亦无详为讲释之必要,惟必以是等刑事案件专归初级审判厅管辖者,盖依于(甲)与(乙)之规定,则犯罪者不致受过度之苦痛。而依于(丙)之规定又实出于防料犯罪之政策者也。至非讼事件有属之于初级审判厅者,有属之于地方审判厅者,登记事件则全然为初级审判厅之特权,非讼事件尚有大小轻重之殊。若登记事件则皆关于人民保存权利所必要之事件,自应专属于去民最近管辖区域狭小之初级审判厅为宜,所以取人民之便利也。

初级审判厅事物管辖之范围既如所述矣,然据吾人之意见,当兹国空虚之时,地方审判厅或其分厅既不能如初级审判厅之可按照设立,而每县所发生应归地方审判厅管辖之案件又在所难免,如斗殴成伤、尺地纠葛细故耳。依刑律第三百十三条及民事诉讼法草案第十条及第十一条之规定,应归地方审判厅管辖,初级审判厅不能越权受理。

第三章　地方审判厅

第十七条　地方审判厅视事之繁简，酌分民事刑事庭数并置二员以上之独任推事。

按：本条系规定地方审判厅机关之组织。依本法第五条之规定，地方审判厅为折中制，故分合议庭与独任推事。合议庭之设置，无论繁简如何，至少必置民事一庭，刑事一庭如案件繁多仍可增加，故两庭之数不必相同。民事案件繁则多设民事庭，刑事事件繁则多设刑事庭，至所谓置二员以上之独任推事者，究应置若干员法律上并无一定之限度，但至少必须置二员也。

第十八条　地方审判厅置厅长一员总理全厅事务并监督其行政事务，仍兼充一厅长。各庭长一员除兼充外，以该庭推事充之监督该庭事务并定其分配。

按：本条系规定地方审判厅厅长及庭长之职权，地方审判厅。地方审判厅厅长及庭长之职权，地方审判厅人众事繁，其必须专设行政长官一员，理固然也。夫所谓厅长总理全厅事务者，乃总理全厅一切庶务是也。监督行政事务者，乃对于全厅职员行政上之分配而有监督权是也。至厅长仍兼充一庭长者,盖以厅长既为地方行政官吏,故厅长苟不兼充一庭,其学识经验亦可藉以增长也。

各庭之中除厅长兼充一庭,其学识经验外,其余各庭皆以该庭推事充之。但本条并无限制其资格,然以理论上观之,自应以其资深之推事充当庭长为宜。

第十九条　地方审判厅有管辖下列民事刑事诉讼案件及其他非讼事件之权。

第一审　不属初级管辖及不属大理院特别权限内之案件。

第二审

(一)不服初级管辖法庭判决而控诉之案件。

(二)不服初级管辖法庭之决定或其命令,按照法令而抗告之案件。

按:本条系规定地方审判厅事物管辖之权限。地方审判厅对于民事刑事诉讼案件及其他非讼事件皆有管辖权,与初级审判厅正复相同,不过案件之轻重略有区别耳。依四级三审制度,地方审判厅系属第二级审判衙门,应有第一审及第二审,故本条对于此亦为之分别规定,兹述之如下:

第一审

属于初级审判厅权限内之案件者,即本法第十六条所述之登记及其他非讼事件及民刑诉讼律草案第五条所规定之事项也,除不属于初级审判厅所管辖者外,其余诉讼案件与非诉讼事件之不属于初级审判厅权限及不属大理院特别权限内之案件,皆属于地方审判厅管辖,自不待明言耳。

第二审

(一)控诉案件。控诉云者,不服第一审判决而施其攻击手续之上诉之一种也。地方审判厅既为第二级审判衙门,则对于不服初级审判厅之判决而控诉者,自然有受理之权。

(二)抗告案件。抗告与控诉不同,抗诉为对于判决绝不服而上诉之名词。抗告乃对于决定或命令不服而上诉之名词。至判决与决定或命令之意义如何区分,则判决者必经言词辩论关于实体法上对其请求点之裁判也。世界各国对于抗告向有两种主义:一为概括主义;一为列举主义。概括主义者,即对于一切决定命令者,皆有抗告之权。列举主义者,即对于决定命令非诉讼律条文中明定可以抗告者,不得抗告。各国法律规定不一,我国虽非采列举主义,既然有按照法令而抗告之明文,则凡法令所未定者,仍不得抗告,盖所以防滥诉之弊也。然抗告究为上诉之一种,故地方审判厅以上诉审之资格,对于不服初级审判厅之决定或命令而抗告者亦有受理之权。

至非讼事件,其大部分属于初级审判厅。考之日本非讼事件手续法,仅关于商事非讼事件中之解散会社等数条地方裁判所,此外如破产事件,近因判决例认为非讼事件之一种,故裁判所构成法第二十八条特定为地方裁判所之专辖。我国非讼事件手续虽未颁行,然地方审判厅所管辖者亦不过如此而已。

第二十条　地方审判厅合议庭庭长得派该庭推事办理刑事案件,预审事务完毕后,该推地方审判厅厅长得临时派该厅独任推事办理预审事务。

按:本条系规定地方审判厅合议庭预审制度之方式。关于预设应归检察厅之检察官乎,抑应归审判衙门之推事乎?为今日国内学者聚讼之问题。考法国法系法律皆以预设归诸审判衙门之推事,然此条本于沿革上之理由,在法理上并无何等之根据,据吾人之意见,则以之归诸检察厅之检察官为是其理由如下。

(一)预审与侦查虽有许用强制力与否之区别,而实则彼此目的均在于调查确实之证据,以同一目的之调查分归两机关管理,按诸事实法理均有未合。若以检察官办理预设则不过继续侦查处分而已,手续既省,收效亦易。

（二）侦查处分每因无强制之,故不能不求助于预审,推事非惟公文往返机会错过,贻证据上无穷之累。且检察官恃有预设,推事可以推诿,遂并固有职权中之侦查处分亦不尽力为之,若以侦查预审同属于检察官职务,如于侦查之中可得圆满之证据,必定极力搜集以便起诉,则推诿之弊无由而生。

（三）预设归推事,则开始预设在未开公起诉之先,提起公诉之后,既经起诉,则被告人涉法庭未开公判则罪名尚未确定。当此之时,被告人既明知预审不能决定罪刑,又深深恐预设延长,致公判不能早日开始,每多任意狡供,自实其罪。迨至公判又尽反前言以图翻,异如此则预审之调查不待徒劳无益,且反增公判之困难。若以检察官实行预设,系在侦查处分以后,提起公诉以前对于证据不完备及犯罪不确实之案件,仍可呈报长官,毋庸起诉因之嫌疑人为图迅速了结起见,定必据实供吐,不敢狡诈于诉讼之进行,实有莫大之利益。然近日学者仍多反对之者,其所持之理由均非充足,兹列于下:

第一,谓预审归检察官,则原告被告之间不能保其平允。不知检察官之为原告系代表国家而为之,对于被告毫无恩怨之可言。被告人不法行为固可攻击,如搜出被告人有利益之证据,亦可为被告人主张利益而不起诉,故检察官管理预审于被告人无妨碍。

第二,谓预审归检察官,虽不保滥用职权蹂躏人民权利。此项理由更无价值,不知检察官与推事处于同等地位,如处于同等地位,如虑检察官滥用职权,试问归诸推事能免此弊乎?况此种救弊方法已有惩戒处分之明文,即刑事诉讼法草案中亦设种种之条件以限制之如先行侦查,然后预审。又预设得长官之命令以及再议请求等,均足以防检察官之专横,更何虑其滥用职权之弊也。

第三,谓审判为推事之职权,若以预审归检察官,未免侵犯其职权。

不知此乃误认预审职务为公判职务。其开始之时不过为搜查证据之继续进行。且证据确当与否,尚待公判始能宣告,自不能以此认为侵犯推事之职权。

第四,谓预审归于检察官虽有此种学说,各国并未实行,我国何能独异?不知各国不能实行均非无故。以法兰西言之,检察制度发达最早,然因历史上检察官为国王监收金钱货物之代表,人民疾视已久,故不能将预审归其管辖。中国本无检察制度,而司法独立又方萌芽,既无法兰西之恶历史,自当依法理上之正当解释归诸检察官,不能以外国未行之故为批难之理由也。

本法则以预审归诸审判衙门之推事,故本条规定地方审判庭长得派该庭推事办理预审事务,预审完毕后该推事仍得加入公判之列。但此种规定行之于实际恐有大不便者存焉,盖故见自封先入为主人情所同也。今以一人而兼预审公判两事,势必以预审之所得为公判,坚确之根据不能更有所纠正,其为害殊非浅鲜。采立法者之意,要以地方审判厅为合议庭,由三员组织其一人之成见,断难得他人之同意。预审自预审公判自公判,两者各不相妨,不知者难知亲者易信彼职属同僚日夕共处,其所发言论较之辩词必易见信,就令三员组织之,吾恐一人之意见实足以左右之也。

地方审判厅厅长得临时派该厅独任推事办理预审事务,并未明揭独任推事。预审完毕之后,不得再为该案之审判推事,使实际上万一办理预审之独任推事自行审判则一意独行,更无他人为之牵掣,则其弊尤不可胜言,故吾人对于本条之规定,期期以为不可。

第二十一条　各省因地方情形得设地方审判审判分厅。

按:本条原文得设地方审判分厅于其管辖下之初级审判厅内云云。盖一则为节省国家之经费,一则为兼用初级审判厅推事之便利也,但此种规定是使法律无弹力性也。如初级审判厅内地方狭小,势必将初级审判厅另行改造,而后可设初级审判厅之临近有能设立地方审判分厅之地,亦未始不可又何必限于在初级审判厅内耶。据吾人意见,应改为得于初级审判厅所在地设立地方审判分厅。

第二十二条　地方审判分厅得仅置民事一庭,并置一员或二员以上之独任推事。

按:本条系规定地方审判分厅机关之组织。地方审判分厅所管事件不及地方审判本厅之繁,故所设合议庭数及独任推事员数亦不必与本厅相同,须斟酌地方之情形而定。其地民事事件均较多时则民事刑事可各置一庭,至独任推事置一员或二员以上亦须酌量情形,并无一定之限制。惟本条云得仅置民事一庭刑事一庭,似民事刑事必须各置一庭,殊觉有语病,故此应改为得仅置民事一庭或刑事一庭,则庶不至费解矣。

第二十三条　地方审判分厅合议庭推事除由本厅选任外,得以分厅所在初级审判厅之推事兼任之,但每庭以一员为限其独任推事仍不得兼任。(删,理由见前)

按:本条系规定地方审判分厅兼任推事之制度及其限制。兼任推事云者,乃使下级推事而执行上级推事之职务,此原为法理所不许,然因便利人民节省经费起见,似不妨设一例外。且若加以限制,不致失四级三审之原则,则兼任推事亦有利无弊,故本条兼任推事特限于各议庭之一员。盖三员合议庭如有二员兼任,则兼任推事转占多数,几与紊乱审级无异。至独任推事,其行使审判权本止推事一员,更无可以兼任之理,此盖于变通之中仍寓限制之意者也。

第二十四条　地方审判分厅如置合议庭二庭以上或独任推事二员以上,以资深者一员为监督推事,监督该分厅行政事务。

地方审判分厅厅丞或厅长于分厅所在及临近之初级审判厅,得以第十五条第二项之权限全分或一分委任于该分厅之监督推事。(本项删)

按:本条系规定地方审判分厅设置监督推事之制度。关于地方审判分厅设立之处所及庭数员额以上均有规定,然于此尚有一问题,即分厅是否应设置长官以监督该分厅行政事务。以事实上观之,既设分厅必因区域广大或交通不便之故,则行政事务似须另设一长官,以监督之不能遥属本厅以致鞭长莫及。然以理论上观之,既曰分厅,则系本厅之支部,不能复有长官,故本条于此亦采用本法第十五条之理由,依照初级审判厅之规定,如置合议庭二庭以上或独任推事二员以上立一监督推事监督该分厅行政事务,其合议庭不及二庭或独任推事不及二员者,则不必设置监督推事,由本厅长官直接监督之可也。

第四章　高等审判厅

第二十五条　高等审判厅视事之繁简酌分民事刑事庭数。

按:本条系规定高等审判厅之组织,依本法第六条之规定,高等审判厅为纯粹合议庭,故本条除不置独任推事外,其理由与本法第十七条相同。

第二十六条　高等审判厅置厅长一员,总理全厅事务并监督其行政事务。

各庭置庭长一员以该庭推事充之,监督该庭事务并定其分配。

按:本条系规定高等审判厅长及庭长之职权,其理由与本法第十八条相同,惟地方审判厅厅长仍兼充一庭长,本条并无此项规定。是使高等审判厅长为司法行政官而非司法官,殊与法理不合,不采之意无非以高等审判厅管辖之区域,较地方审判厅为广,其司法行政事务繁也。不知司法行政事务繁时,固不妨由他人代理之,又岂可因噎废食耶!

第二十七条　高等审判厅有审判下列案件之权。

(一)不服地方审判厅第一审判决而控诉之案件。

(二)不服地方审判厅第二审判决而上告之案件。

(三)不服地方审判厅之决定或其命令,按照法令而抗告之案件。

(四)删。

疏:与国体抵触,删除。

按:本条系规定高等审判厅事务管辖之权限。依四级三审制度,高等审判厅为第三级审判衙门,应有第二审及终审,故本条之规定除第二款及第三款之理由,与本法第十九条大略相同。

第二十八条　各省因地方辽阔,或其他不便情形,得于高等审判厅所管之地方审判厅内设高等审判分厅。

按:本条系规定设立高等审判分厅之处所,其理由与本法第二十一条相同,惟第二十一条法文云各省因地方情形等语。本条法文则云各省因地方辽阔或其他不便情形等语,字句繁简略有不同,而其意义则一所谓其他不便情形者,即地方虽非辽阔,而交通实多不便之意也。惟本条既与第二十一条之意义相同,而字句亦宜同一庶前后一贯耳。

第二十九条　高等审判分厅得仅置民事一庭,刑事一庭。

按:本条系规定高等审判分机关之组织,除不置独任推事外,其理由与本法第二十二条相同。

第三十条　高等审判分厅合议庭推事,除由本厅选任外,得以该分厅所在地方审判厅或临近地方审判厅之推事兼任之。但三人合议庭,每庭以一员为限,五人合议庭,每庭以二员为限。

按:本条系规定高等审判分厅兼任推事之制度及其限制,其理由与本法第二十三条大略相同。

第三十一条　高等审判分厅如置二庭以上资深者一员为监督推事监督该分厅行政事务。

按:本条系规定高等审判分厅设置监督推事之制度,其理由与本法第二十四条相同。

第三十二条、第三十五条、三十七条、四十四条、四十五条及八十条之规定,准用之于高等审判厅之上告案件。

按:本条系规定高等审判厅审理上告案件,可以准用大理院审理上告案件之方式之标准,准用与适用有别。适用者,因某事项规定某事项,条文今对此事实而引用条文方得谓之为适用。其不因此项事实而规定之条文,以其意义相同而引用之者,只能谓之为准用,不能谓之为适用本法第三十五条、第三十七条、四十四条、四十五条及八十条之规定,准用之于高等审判厅之上告案件。

本条系规定高等审判厅审理上告案件,可以准用大理院审理上告案件之方式之标准,准用与适用有别。适用者即因某事项事实规定某项条文,今对此事实而引用条文方得谓之为适用,其不因此项事实而规定之条文,以其意义相同而引用之者。只能谓之为准用,不能谓之为适用本法第三十五条、三十七条、四十四条、四十五条等,均系关于大理院之规定,第八十条系关于通常评议决议之规定,皆非为高等审判厅所立之条文,故本条仅能谓之为准用耳。

第五章　大理院

第三十三条　大理院为最高审判衙门，置民事庭刑事庭，视事之繁简酌置民事刑事庭数。

按：本条系规定大理院机关之组织大理院以全国为其区域与高等审判厅，仅以一省为其区域者大不相同，而上诉审级亦至此而终审，故谓之为最高审判衙门至其应设置若干民事刑事庭，则仍以事之繁简为断，其理由与本法第十七条相同。

第三十四条　大理院设置院长一员总理全院事务并监督其行政事务。

各科置推丞二员监督该科事务并定其分配，仍各兼充一庭长。（本项删）

各庭置庭长一员，除兼充外，以该庭推事充之监督该庭事务并定其分配。

疏：元年五月十八日，教令大理院正卿改为院长，少卿一缺裁撤。

按：本条系规定大理院长及庭长之职权，其理由与本法第十八条、第二十六条大略相同。

第三十五条　大理院长有统一解释法令必应处

置之权，但不得指挥审判官所掌理各案件之审判。

按：本条系规定大理院长有统一解释法令之特权。事务日繁，而法律亦因之而日密，千条万贯，纲纪群伦，苟无统一解释之途，则遇有疑义言人人殊，国家法律将归破坏，故本条规定将此权专属大理院长。因大理院长原为统一法律之最高机关，而以下各级审判厅均以大理院为其模范，故以此权属之当无意见歧出之虞。至所谓必应处置之权，其范围不外二种：(1)大理院以下，其判决例颁发各省级审判衙门，则下级各审判衙门有不得不加以参考之义务；(2)下复之义务。至于各级审判衙门审理民刑案件，除业经提起上告审于大理院者外，其余一切均有独立解释法律以行其审判之权，并不因本条而受其拘束。

第三十六条　大理院有审判下列案件之权：

(一)不服高等审判厅第二审判决而上告之案件；

(二)不服高等审判厅之决定其命令，按照法令而抗告之案件。

第二、第一审并终审。

依法令属于大理院特别权限之案件。

按：本条系规定大理院事务管辖之权限，依四级三审制度大理院为最高审判衙门，应以终审为其通常管辖而以第一审为其特别管辖，兹分别述之如下：

(一)大理院以终审为其通常管审。终审意义系以审判衙门高下等级而言，盖至大理院而阶级已终，更无上级审判衙门，故凡诉讼案件之为其所管辖者，皆当谓之为终审。

(二)大理院以第一审并终审为其特别管辖。

大理院特别管辖其范围所在。本条并无明文之规定，其所谓依法令，今属于大理院特别权限之案件如刑事诉讼法草案第五条之规定，第一款内乱罪第二款外患罪及妨害国交罪，系三等有期徒刑以上者，属于大理院之特别管辖。其理由不外此种犯罪多与国本及国体有关，与寻常诉讼有别，如依通常诉讼程序经由第一审、第二审终审之顺序为审判，则时日之所费必多，其结果将有扰乱公安之害，故不得不变其原则，而以第一审并终审以图迅速。然又恐其审级不备或有偏颇之弊，乃以之属于最高审判衙门，其审判官之学识既富而合议庭之员额亦多，仅以一审而终，然其谨慎矜详实亦与经三审者无异，此本条所以有此规定也。

第三十七条　大理院各庭审理上告案件，如解释法令之意见与本庭或他庭成案有异由，大理院长依法令之义类，开民事庭或民刑两庭之总会审判之。

按：本条系规定大理审上告案件得开民庭刑庭或民刑两庭，总会以变更判决之权。大理院不止一庭，系规定大理审上告案件得开民庭刑庭或民刑两庭总会以变更判决之权。大理院不止一庭，而法律之改良进步竟日新而月异，故各庭审判上告案件解释法令之意见，往往与本庭或他庭成案有异。为谋其统一起见，乃有关总会审判之规定，所谓大理院长依法令之义类者，即必关于民事者，始能开民庭总会，必关于刑事者，始能开创庭总会，必关于民刑两事者，始能开民刑两庭总会也。

第三十八条　诉讼案件属于大理院第一审并终审之特别权限者，如关系重要，得就该处高等或地方审判厅开大理院之法庭审判之。

于前项情形大理院长除由该院派遣推事外，得临时令高等审判厅推事协同审判，但以二员为限。

按：本条系规定大理院审理第一审并终审之特别权限重要案件，临时开庭之处所及庭员之组织，兹分为二项以述之：

（一）临时开庭之处所。依本法第三十六条第二项之规定，大理院依法令管辖属于其特别权限之案件，其大较不外关于内乱外患及国交等罪。此等诉讼既属于大理院之管辖，则非高等以下各级审判衙门所能侵越，其权限然大理院止设于京师全国仅有一所，即分院亦不能随地设立。万一有本法第三十六条第二项之诉讼,其发生地既非京师,又不在于有大理院分院之处所,致生审判权安属之疑问者,殆所不免。苟其案件情节并非关系重要,其时间又非紧迫,自可送致于大理院或附近之分院以待其审判。今对于大理院第一审并终审之特别权限案件,关系重要之时,随时得就该处高等审判厅或地方审判厅开设大理院之临时法庭,惟于此有须注意之点即此项法庭虽开设于高等或地方审判厅内,然自其本质上观之,乃系借地方开庭与在大理院本院所开之法庭,其权限一切均毫无差异。

(二)临时开庭庭员之组织。依本法第七条之规定,大理院之审判权以推事五员之合议庭行之。今依事实上之便利,而于高等或地方审判厅内开大理院之法庭,其合议庭推事之数额,自亦以五员为定。但其推事将尽由大理院派遣,抑乎得兼用临时法庭所在地之下级审判衙门推事以补充合议庭庭员乎?以理论上言之,既开大理院之法庭,其推事自应全由大理院派遣方能名实相符。然以事实上而论,似不能不采用大理院分院之制,以其法庭所在地之高等审判厅推事兼充其合议庭庭员,但有一限制,即此项推事不得超过于大理院派遣之数。故本条规定以二员为限,因过此则恐有代以高等审判厅法庭之嫌而失大理院法庭之实也。

第三十九条　刑事诉讼案件属于大理院第一审并终审之特别权限者,由大理院长令该院推事办理预审事务,但得因情形令高等或地方审判厅推事办理。

按:此条系规定大理院预审制度之方式。依本法第二十条对于地方审判厅刑事诉讼第一审案件,特设有预审制度之规定,而本法第三十六条之规定,大理院亦有第一审刑事案件。既有第一审刑事案件,则亦不能不为设立预审制度。故本条规定刑事诉讼案件属于大理院第一审并终审特别权限者,由大理院长令该院推事办理预审事务。但此等案件发生之地距京师辽远,如定须以大理院之推事办理预审,则大理院之预审推事必将疲于奔命,是以为事实上便利计。复规定为得令该地方之高等或地方审判厅推事办理之。

第四十条　各省因距京师较远,或交通不便,得于该省高等审判厅内设大理分院。

按:本条系规定设立大理院分院之处所,其理由与本法第二十一条及第二十八条大略相同。惟大理院土地之管辖,以全国为其区域与高等地方各审判厅不同,故本条不云于所管之高等审判厅内设立大理院分院,只云各省京师较远或虽不远而交通不便,得于该省高等审判厅内设立分院,因全国高等审判厅皆在其管辖之内也。本条既以距京师较远及交通不便为条件,则各省高等审判厅内不必皆设分院可知矣。

第四十一条　大理院得仅置民事一庭刑事一庭。

按:本条系规定大理分院机关之组织,其理由与本法第二十九条相同。

第四十二条　大理分院推事除由本院选任外,得以分院所在高等审判厅推事兼任之,但每庭以二员为限。

按:本条系规定大理分院兼任推事之制度及其限制。其理由与本法第二十三条、第三十条大略相同。惟大理院无独任推事,故不设独任推事之限制,此与第三十条相同,而与第二十三条相异点也。高等审判分厅兼任推事,不独分厅所在之地方审判厅推事可以兼任,即与分厅临近之地方审判厅推事兼任大理分院,则非该分院所在之高等审判厅推事不得兼任此。又与第二十三条相同而与第三十条相异之点也。至于地方审判分厅兼任推事以一员为限,高等审判分厅三人合议庭以一员为限,五人合议庭以二员为限,大理分院为纯粹五人合议庭。故其兼任推事一律以二员为限,此则与第二十三条及第三十条相同之点也。

第四十三条　大理分院如置二庭以上,以资深者一员为监督推事,监督该分院行政事务。

按:本条系规定大理分院设置监督推事之制度,其理由与本法第二十四条与第三十一条相同。

第四十四条　大理分院各庭审理上告案件，如解释法令之意见于本庭或他庭成案如有异，应函请大理院开总会审判之。

其分院各该推事应送意见书于大理院。

按：本条系规定大理分院审理上告案件变更判例之方式。依本法第三十七条之规定，大理院审理上告案件，遇有解释法令之意见与本庭或他庭成案有异，应变更判决例，得开民刑各庭或民刑两庭总会审判之。其理由既已如上所述，而高等审判厅审理上告案件亦以本法第三十二条之规定可以准用。此制独于大理分院其事务管辖固亦有审理上告案件之权，遇有解释法令之意见，与本庭或他庭成案有异应变更判决例之时，不能适用第三十七条之制，其故安在？盖以分院之组织以本法第四十一条之规定，分院之庭数，员额均比本院减少甚或仅置民事一庭或刑事一庭，仅置一庭何能开民刑两庭总会，故大理分院不能适用第三十七条之规定，理固然也。但既有审理上告案件之权，则遇有此种问题，究应如何处置？是以本条特为变通其例由，分院函请大理院开设总会，其分院推事亦应送意见书于大理院，列于决议之数则分院虽不能开设总会，亦可行使其解释法令之权矣。

第四十五条　大理院分院发交下级审判厅之案件，下级审判厅对于该案不得违背该院法令上之意见。

按：本条系规定大理院审理上告案件对于发交下级审判厅有羁束下级，令其不得违背法令上意见之特权。大理院将案件发交下级审判厅，受其发交者以诉讼法法理论之，与未经第二审而新受理之诉讼相同，该下级审判厅仍得为自由之审判，但既经上告审破毁，原则上告审关于法令上之意见不得违背。盖恐下级审判厅固执己见，不独诉讼无终结之时，且于统一解释法令之权亦有妨害故也。

第六章　司法年度及分配事务

第四十六条　司法年度每年自正月初一日起至十二月底止。

按:本条系规定司法年度之制度及其期间。司法年度必自正月初一起至十二月底止者,盖为便于司法经费之计算及司法行政各要务之预订。故其期间不可过长,过长则前后牵连,且管理久而弊易滋。亦不可过短,过短则手续繁密且更调易,而事不理。是则本条之规定诚可谓适当矣。

考东西各国关于司法年度固有规定,而每一年度之中又必有休假之制度。休假者,乃于年度之中以若干日为休息之期也。如日本裁判所构成法第一百二十七条规定裁判所之休假,自七月一日起至九月十日止。其所以如是者,因法官服务若无休假而休养之,则办事难免因循,转于诉讼进行有所不利,本法不采此制殊为缺点。

第四十七条　高等以下审判厅办事章程由司法部呈准施行。

除京师外,各省由高等审判厅长按照前项章程,

统一全省审判厅应办事宜,并发布命令,定开庭时刻及开庭日期。

大理院及分院办事章程由大理院呈准定之,惟施行以前应咨报法部。

按:本条系规定审判衙门办事章程呈准定之,惟施行以前应咨报法部。

(一)办事章程之呈定权。办事章程者,即关于审判衙门内部之活动,例如统计报告考勤给假以及一切之秩序,皆是以司法行政权之作用。此项章程之呈定权自应全属司法部方能收整齐划一。司法部所定章程外不妨令其自为规定,是以本条于此关于呈定权有两种,自高等审判厅以下办事章程由司法部呈定之,大理院分院办事章程由该院咨报司法部后自行呈定之。

(二)施行办事章程之统一权。办事章程施行之后,其统一之权除大理院分院及分院而外,其余自高等审判厅以下皆应统之于司法部,惟各省因地方辽阔,气候不齐,有不能不将其统一权之一部委任于各该省之高等审判厅,厅长有按照办事章程统一全省审判厅应办事宜,并发布命令定开庭时刻及开庭日期之权,所谓开庭时刻即冬夏之气候不同,则开审之迟早不能无异。其不言闭审时刻者,因闭审时刻随事之繁简以准也。所谓开庭之日期者,例如某庭以单日开庭,某庭以双日开庭,轮流开庭得以余暇调查证据之类。

第四十八条　审判衙门按照办事章程及其他命令于每年年终会议预订次年下列事宜:

(一)分配合议庭及独任推事应办之司法事务;

(二)定庭长庭员独任推事应办之司法事务;

(三)定五十一条所载代理次序。

按:本条系规定审判衙门司法会议。每年会议之时期及其应议之事项,兹分项以说明之:

(一)会议之时期。司法行政事务采固定主义非可以随时变更,既已如前所述,故凡一切事务必须依司法年度每年会议。会议日期究以何时为宜,依本法第四十六条规定司法年度以每年正月初一日起,至十二月底止前会议之期,自应以年终为宜。以本年之经验,为次年之预备,折中损益。其合于事理必多办事之劳逸。既均而久任之流弊亦少。

(二)会议之事项。会议之事项约分三种:

(甲)事务分配。凡审判衙门之合议庭断无仅设一庭之理,而独任推事除初级审判厅外,亦无仅置一员之虑。

(乙)推事配置。审判衙门之合议庭,既不止一庭而每庭之中又各有庭长庭员,此外又有独任推事,究竟某庭庭长应领某庭某推事应为某庭庭员某推事应为独任推事,均不能不预为配置。其配置方法例如甲推事长于民事即配置于民庭,乙推事长于刑事即配置于刑庭,又如民事案件过多,则民庭推事多为配置,刑事案件过多则刑庭推事多为配置之类是也。

(丙)代理次序。庭长庭员及独任推事既经配置之后,以原则言之,于此年度之中不能再有变更,然或遇有不得已之事故,不能执行职务时,势必需人代理。则代理之次序当预订,不至临时失措。致有缺员废事之虞,惟此犹就其普通代理之次序言之耳。普通代理之次序者,系于本院本厅之中定某推事缺席某推事代理之次序也。至于特别代理之次序俟于本法第五十一条中再说明之。

第四十九条　前条所载各事宜会议时,以过半数之意见定之可否,同数则取决于会长。

(一)地方及初级审判厅事宜以该地方审判厅长为会长,各庭庭长及资深员独任推事各一人为议员。

(二)高等审判厅事宜以厅长为会长,各庭长及资深庭员一人为议员。

（三）大理院事宜以厅长为会长，各庭长及资深庭员一人为议员。

置推事二员以上之初级审判厅事宜，由该管地方审判厅决议之。（本项删）

大理分院高等及地方审判各分厅事宜，均由本院本厅决议之，但分院分厅之合议庭及二人以上之独任推事均得准前项之例预行会议以其决议报告本院厅。

按：本条系规定司法会议决议之手续及会长议员之组织议会事项。既已如前述，然其会议之结果将何所取决耶？依会议之通例，皆以过半数之同意定之，故司法会议亦采用之。然议员之总数不必皆为奇数，则事实上或致可否同数而取决议长之规定乃不可少。初级审判厅除仅置推事一员之时，其事务单纯无庸会议外，其置推事二员以上者，则由该管地方审判厅决议之，以其事简人少，无单独会议之必要，且不足为单独之会议也。至于大理分院高等及地方审判各分厅，则由本院本厅决议之。盖初级审判厅及分院分厅既无长官以为会长，又无多数庭长及独任推事以为议员，故必须附属于其他会议，方能收会议之效果，但分院分厅之合议庭及二人以上之独任推事得豫行会议，以其决议报告于本院本厅以备参考，惟不得列入议决之数耳。

第五十条　前二条所载分配事务及配置推事，既经决定后，于本司法年度内不得更改，但遇有案件增加致合议庭，或独任推事担任过多，或推事有他事故致延搁过久者，院长及厅长得将所预订酌量更改。

按：本条系规定司法年度会议决定后之效力。司法行政事务固采固定主义，于每年年终会议一次凡事务分配及推事配置一经会议决定之后，在本司法年度之内，无论如何均以不得变更为原则。夫司法事务之分配及推事之配置，一经会议决定之后在本司法年度之内，无论如何均以不得变更为原则。夫司法事务之分配，原以比其多寡，均其劳逸为主，然往往有会议之时不及料者，设在本司法年度之内案件增加致合议庭及加而所配置之推事有他项事,故不能办理分配之事务,致延搁过久者,亦不能不稍变其原则,此本条但书之所以规定院长及厅长得将所预订酌量更改也。

第五十一条　审判衙门推事及代理推事遇有事故,得以直隶下级审判衙门推事代理。

地方以下审判厅并准用各该厅候补推事代理。

前二项之代理,所有直隶下级审判衙门推事及候补推事接据各该审判衙门知照后,应遵照前二项之代理。所有直隶下级审判衙门推事及候补推事,接据各该审判衙门知照后应遵照预订次序行之。

初级审判厅推事及代理推事遇有事故,由该管地方审判厅厅丞或厅长照预订次序,派各该地方审判厅独任推事或候补推事代理。(本项删)

本条代理以紧急事宜为限。

按:本条系规定审判衙门特别代理之制度。特别代理者,对于普通代理而言,普通代理之范围,故而其案件又迫不能待之时,则普通代理次序之外,不能不再有特别代理,方可免其遗误。特别代理者,其代理者其代理员得以他厅推事为之,亦得以各该厅及他厅之候补推事为之,而以他厅推事为代理时,又有以下级审判衙门推事代理与上级审判衙门推事代理之分。以下级审判衙门推事代理者,例如高等审判厅推事可以代理大理院之推事,地方审判厅推事可以代理高等审判厅之推事,初级审判厅之推事可以代理地方审判厅之推事。然此要均以直隶之下级审判衙门为限,不得越级代理也。以上级审判衙门推事代理者,例如初级审判厅更为下级之可言,斯在需员代理之时不得不转而求之于上级审判衙门,使地方审判厅推事代理初级审判厅推事。然特别代理尚有一限制,即候补推事仅能代理地方以下审判厅之之推事,大理院高等审判厅均不以候补推事代理,又地方审判厅之合议庭推事不能代理初级审判厅之推事。

第五十二条　高等以下审判厅遇有法令上或事实上不能行审判权时,得以最近同等之审判厅暂行代理但以紧急事宜为限。

按:本条系规定审判衙门官厅代理之制度。以前诸条之所规定者,均系关于推事之代理,本条之所规定,乃系关于官厅代理者,即甲官厅应管之事项因有法令上或事实上之原因,不能行审判权时,使乙官厅以代理之也。所谓法令上行之原因者,例如该审判衙门全体推事与该案件均有关系,则因诉讼律所规定之拒却引蔽回避等情形之类,均不能行其审判权时是也。所谓事实上之原因者,例如该审判衙门全体推事同时有事故障碍或审判衙门被天灾兵火之类,均不能行其审判权时是也。审判衙门不能行其审判权时,不论事宜之紧急与否,皆有使他审判衙门暂行代理之必要,其以紧急事宜为限之规定之未为适当可知矣。

第五十三条　审判衙门已分配之事务于本司法年度内尚未完结者,得由各该合议庭及独任推事继续完结之。

按:本条系规定审判衙门已经分配之事务于本司法年度内未完结者处置之方法。依本法第四十八条之规定,合议庭及独任推事,应办之事务于每年年终会议关于事务分配及推事配置,一年一度变更其组织,均以不继续为原则,但有时业经分配之事务已经着手公判或预审尚未完结,本司法年度适已告终,举行次年度之会议变更事务分配及推事配置,则此项未完结案件究如何处置?以司法年度不继续之原则观之,既经会议之后,则此项案件虽未完结,自不能适用上年度之分配,仍由原审推事继续审理。然以诉讼律直接审理主义观之,一案未终,不能中途变更推事,则业经分配之事务,年度虽终,仍不得变更,其推事之组织以属于其他推事审理,此所有仍由该合议庭及独任推事继续完结之例外规定也。

第七章　法庭之开闭及秩序

第五十四条　法庭开设于审判衙门内，但有特别规定者不在此限。

按：本条系规定开设法庭之处所，法庭应开设于审判衙门内固无待言，但书所谓有特别规定者，不在此限制，例如大理院对于内乱外患及妨害国交之案件，若有必要情形，得于高等或地方审判厅内开大理院之法庭审判之是也。

第五十五条　诉讼之辩论及判断之宣告均公开法庭行之。

按：本条系规定审判诉讼公开法庭之制度。公开法庭云者，即于法庭审判诉讼案件时无论何人皆得从旁观察之之谓也。法庭必须公开之理由有二：一为防裁判之偏断；二为增法权之威信。

第五十六条　审判长居法庭首席于关闭法庭及审判诉讼有指挥之权。

按：本条系规定审判长法庭上之地位及诉讼进行中指挥一切之权。依本法第八条之规定，审判长以庭长兼充为原则，而以资深者庭员充之为例外，盖庭长为常设之机关而审判长则为临时之组织。苟非开庭审判之时,即无所谓审判长之明目,审判长既因开庭审判临时设置之机关,则在其法庭上之地位自应优异,盖必立于优异之地位而后始能行使其指挥权耳。所谓其优异之地位者,即居法庭上之首席是也。所谓其指挥权者,即关于法庭闭庭审理诉讼等一切之活动皆是,其详细规定见以后各条。但本条既已此权属之于审判长,则其余陪席推事等自不能侵越权限,故陪席推事欲向诉讼当事人发问时,须先得审判长许可,所以保法庭之秩序也。

第五十七条　审判长于开庭时有维持秩序之权。

按:本条系规定审判长维持法庭秩序之权,即凡在开庭审判时,其秩序之维持权专属于审判长也。故以下各条属于审判长之维持法庭秩序,虽各有别之规定,然除其所规定者外,法庭秩序有关系之事项审判长有皆可依据本条而处理也。

第五十八条　公开法庭有应行停止公开者,应将其决议及理由宣示,然后使公众退庭至宣告判断时仍应公开。

按:本条系规定公开法庭之例外。依本法第五十五条之规定,诉讼之辩论及判断之宣告,均应公开法庭行之不独判断宣告之一端,是审判诉讼皆以公开为原则也。但事件之性质,各有不同,而影响之关系亦不能一致,于是有不得设停止公开公开之例外,兹分为三项述之如下:

(一)停止公开之原因。本条虽无规定,然以其法理衡之其大致亦不外维持安宁秩序及善良风俗二种,例如关于政治犯案件,其宗旨在改革国家之政治于辩论时,往往抒发言论,慷慨淋漓,最足以启人犯罪之念,是有害于安宁秩序者也。又如关于奸淫案件于辩论时,每多秽亵之语,颇易劝人淫私之心,是有碍于善良风俗者也,故关于此种案件反以停止公开为利益。

(二)停止公开之手续。停止公开之权固属于本法第五十六条审判长指挥诉讼权以内,然停止公开之关系,较距其权不能操之审判长一人,故必依本法第七十八条决议之方式为之。且必将其决议及理由宣示,然后始能命公众退庭至于独任推事行审判长之职权,则即以其一人之意见而为决议矣。

(三)停止公开之限制。停止公开只能停止辩论之公开,而不能停止判断宣告之公开,盖诉讼辩论之时于犯罪之事实,必须反复详鞠其有关于安宁秩序善良风俗者,自不能不秘密审理至判断之宣示,不过宣示其判词,酌定罪名与刑罚而已。若亦许适用停止公开之例外,则不独有背审判公开主义之原则而流弊所至,必有裁判偏私不能保法庭之威信者,是以本条于宣告判断特限制之。

第五十九条　停止公开法庭,审判长得制定尚无妨碍之人特许旁听。

按:本条系规定停止公开审判时,审判长有特许旁听之权。依前条之规定,既经决议将理由宣示公众,当然退庭,则除一般诉讼关系人以外,固未有仍许旁听者矣。但停止公开之理由,原以维持安宁秩序及善良风俗为目的,故停止一般之旁听,然亦有虽经旁听并无妨碍人之人,则不妨依审判长之职权,设特许旁听之例外。至于有无妨碍之范围,本条并未规定其例,一视审判长临时之认定其大较不外研究法律之大学教师,或无关系之律师,以及其他审判衙门之推事,或候补推事学习推事,并研究法医医士等类是也。

第六十条　审判长得令旁听之妇孺及服装不当者,退出法庭并应详记其事由于笔录。

按:本条系规定公开审判时审判长有特许旁听之权,依前条之规定,审判长于停止公开之时有特许旁听之。本条则于公开审判之时有特禁止旁听之权。其性质适相反,对但特许旁听之范围一视审判长之认定,至于特禁旁听则本条规定有一定之限制,妇孺之特禁旁听者,盖因当开庭审判之时,诉讼情形千奇万变,妇人子女脑筋最易于激动,往往不能强制感情,致有喧嚣之害。至于孺子则智识未足,如任其旁听,日与犯罪相习耳濡目染,尤恐其有相习为非之弊,不知许其旁听有何益耶。且特禁止孺子旁听之时,究以若干年龄者为孺子,若干年龄者为非孺子,临时之认定反增困难,故吾人对于此种之规定殊觉其不当也。服装不当特禁旁听者,盖因旁听人之服制虽无一定之限制,然奇装异服或袒裸者任其旁听,实足以损法庭之威严,故亦在特禁之列。至其不当之范围,本条虽未明文定则要,以普通服装为标准耳。但特禁旁听乃出于例外,故必须将其事由详细记于笔录,以备后日之查考,庶免审判长专恣之弊。

第六十一条　有妨害法庭执务或其他不当之行为者,审判长得酌量轻重,照下列各款分别处分:

(一)命退出法庭;

(二)命看管至闭庭时;

(三)至闭庭时更得处十日以下之拘留或十元以下之罚金。

按:本条系规定审判长维持法庭对于旁听人必要之制裁,依本法第五十七条之规定,审判长有维持法庭秩序之权,然不附以实际之制裁,则仅有空权终归无效,故本条于此特将制裁之范围明为规定,除诉讼关系人另有规定外,其余一般旁听之人,皆当受此支配,其曰妨害法庭执务者,例如在法庭上互相谈笑或大声疾呼之类是也。其曰其他不当之行为者,例如在法庭上互相眺视或忽立忽坐之类是也。后者之行为虽未妨害法庭执务,然实足以损法庭之威严,审判长有维持秩序之权,故对于为此行为者,有酌量轻重分别处分权,其处分之方法有三,兹分述如下:

(一)命退出法庭。退出法庭以表面上观之,不过摒之于法庭以外,并未加以制裁,当然未经停止公开之时,一般人民皆许旁听而独令其退出法庭,是即剥夺其旁听之权也。

(二)看管至闭庭时。旁听之人紊乱秩序即可令其退出法庭,然有时遇有强暴之人不肯退出法庭或退出法庭更于庭外喧嚣之类,仅使退出法庭不足以制裁之故,必须暂行看管待闭庭后再行释放。

(三)拘留或罚金。因紊乱秩序而受看管之制裁者,均以至闭庭时即行释放为原则,盖以暂行看管不令妨害审判即足以达其维持秩序之目的。但同一暂行看管而情节或有轻重之殊同一受看管制裁之人,而及时悔罪与怙恶不悛,亦复各异其趣,故非有处十日以下拘留或十元以下之罚金不足以示惩也。

第六十二条　原被告及中证人、鉴定人翻译等有前条行为者,照下列各款分别处分:

(一)刑事被告受前条第一或第二款处分者,应不听其辩论其行审判;

(二)民事原被告受前条第一或第二款处分者,应听在庭当事人之供述行其审判;

(三)刑事被告或民事原被告受前条第三款处分者,该处分应与本案分别宣告;

(四)中证人鉴定人翻译等不得不待闭庭实行前条第三款处分。

疏:中证人应改为证人原被告应改为原告被告。

按:本条系规定审判长维持法庭秩序,对于诉讼关系人之制裁,前条所规定系对于一般旁听人之制裁。本条所规定则系专指原告被告及证人鉴定人翻译等因与本案诉讼有直接关系,实不能与旁听人同其处分,故关于此项人等有犯前条所载应受制裁之行为者,其处分一依本条科断,盖以其人之身份地位而有异也。

原告被告之地位与证人鉴定人翻译等之地位既不相同,而刑事原告被告之性质与民事原告被告之性质尤复迥异,同一诉讼关系人而地位各别,故本条特分为四款,兹分述之如下:

（一）刑事被告受前条第一或第二款处分者。刑事以国家为原告而以检察官之代表同系司法官吏绝不至有紊乱法庭秩序之虞，即使有之，亦当归入惩戒处分问题，不在本条范围以内，故本款仅刑事之被告者，而刑事之原告不与焉，盖以此也刑事之被告如受前条退出法庭或暂行看管处分之时，依本款规定，不听其辩论即行审判，盖因其既为刑事之被告人，又复紊乱法庭秩序是其人之行为不法已可概见。故剥夺其辩论而为缺席之判决使其蒙非常之不利益方足以示惩也。

（二）民事原告被告受前条第一或第二款处分者。刑事以国家为原告其地位与被告本不平等，故前款止言被告而不言原告，至于民事诉讼全系私权关系。原告被告均系主张个人权利特以攻击与防御手段不同，始有原告被告之明目，故其地位居于同等而于紊乱秩序之制裁，原告与被告亦纯一致依本款规定民事之原告被告受退出法庭或暂行看管处分之时，均不妨害诉讼之进行，听在庭当事人之供述，行其审判盖剥夺其供述权，无论其为原告与被告均有不利益者在也。

（三）刑事被告或民事原告受前条第三款处分者。紊乱法庭秩序之制裁，与民刑诉讼。本案之制裁，其原因既各不同，而其结果亦渺不相涉，故有紊乱秩序而受拘留罚金之人，然其本案之结果可以为无罪之判决胜诉之判决，基此原因，则刑事之被告民事之原告或被告有受前条第三款拘留罚金之制裁者，其处分必须与本案判决分别宣告，盖不欲使紊乱秩序之制裁与本案制裁相混合也。

（四）证人鉴定人翻译等受前条第三款处分者。证人鉴定人翻译等皆与诉讼进行上有直接关系而又非原告被告之可比，故有犯前条紊乱秩序之时，若令其余退出法庭或暂时看管，则本案诉讼立刻不能进行，徒使原告被告等因此而多拖累，所以前条第一或第二款可以处分原告被告而不能适用于证人等理固然也。今依本款规定，对于证人等止限于前条第三款之处分，如有紊乱秩序则处以罚金或拘留，且不待闭庭尤于本案之进行无所妨碍也。

第六十三条　前二条所载处分不得用刑律俱发罪之例并不准上诉。

按:本条系规定审判长维持法庭秩序处分之效力。其所谓受前二条所载处分不得用刑律俱发罪者,盖以刑律上之俱发罪乃数个之犯罪同时发觉也紊乱法庭秩序,非刑法上之犯罪既非犯罪,故不能适用俱发罪之例也。其所谓不许上诉者,因依诉讼法之法理,关于上诉之事项,不分民事刑事,均有两种观念:第一,对于事实点不服而提起上诉者;第二,对于法律点不服从而提起上诉者。紊乱法庭秩序而受制裁其事实点,则法庭公开众目共见,无所用其讨论。而法律点亦不过依据本法前二条之所规定以为制裁,非如民刑诉讼本案尚有引律错误之可言,事实与法律两点均无疑义,故不许其上诉也。

第六十四条　律师在法庭代理诉讼或辩护案件,其言语举动如有不当,审判长得禁止其代理辩护,其非律师而为诉讼代理人或辩护人者亦同。

按:本条系规定审判长维持法庭秩序。对于诉讼代理人或辩护人之制裁,律师在法庭代理诉讼或辩护案件及非律师而为诉讼代理人或辩护人时,其言语举动经审判长认为不当者,得以职权禁止其代理及辩护,盖基于维持法庭秩序权所发生之强制力也。

第六十五条　处分妨碍法庭秩序之人应详记其事由。

按:本条系规定审判长维持法庭秩序实施处分以后之手续。处分妨害法庭秩序之人,必须详记其事由于笔录者,盖以维持法庭秩序之权专属于审判长。而受其处分者,又不许其上诉故必将其事由详记于笔录,以备查考,则专恣擅断之弊可免而有监督权者,亦可藉知其当否矣。

第六十六条　受第六十一条、六十二条之分者,如系官员得按其情节请付惩戒处分。

律师受第六十四条第一项处分者亦同。

按:本条系规定关于官员或律师有紊乱法庭秩序者,得请付惩戒处分之制度。紊乱法庭之制裁,既已如以上诸条之规定,官吏受第六十一条、六十二条之处分,得按其情节请付惩戒处分者。盖以其既为官员,尤当遵守法律当其紊乱法庭秩序时,一方面负有本法制裁之责任,同时即负有违背官规之责任,违背官规即当然受惩戒处分也。律师虽非官员,然受第六十四条第一项处分者,按其情节亦得请付惩戒,盖因律师亦负有一种特别义务故也。

第六十七条　独任推事行审判时,均有本章所定审判长之职权。

按:本条系规定独任推事行使审判权时,关于审判长职务上之权限,依本法第八条第二项之明揭,则所有审判长之指挥诉讼权,法庭首席权维持秩序权,独任推事均当然有之。

第六十八条　推事审查官及书记官等员在法庭执务时,均应服一定制服。

按:本条系规定保存法庭威严必要之形式。自本法第六十条以下所以维持法庭秩序者,至为详备。凡有紊乱法庭秩序之行为者,固当加以制裁即旁听人之服装不当,亦必令其退出法庭,诚以形式者精神之所附。寄形式不备,即司法尊严之精神,不能表示推事检察官书记官以及律师等之服尤为形式上之最著者,故本条特定均应服一定之服制,盖所以保审判之精神也。

第八章　审判衙门之用语

第六十九条　审判衙门行审判时以中国说言为准。

按:本条系固定审判衙门用语之原则。审判案件须用国语,此为各国通例所以保司法之尊严而免审判之谬误,惟此谓以中国语言为准,不如改为应用中国语言之为当也。

第七十条　原被告及中证人鉴定人等,如有不通中国语言者,由翻译传译,其有不同审判官所用中国语言者亦同。如有不通审判官所用中国语言者亦同。如无翻译而审判衙门或检察厅内执事各员有能通被告及中证人、鉴定人等所用语言者,得委令传译。

按:本条系规定审判衙门用语之例外。原告、被告及证人鉴定人为外国人或本国人生长异邦新从海外归来不通中国语言者,应由翻译传译。至有不通审判官所用中国语言者,例如审判官所用者为文语或因方言之不同而不能通晓者,亦可由翻译传译。

第七十一条　审判衙门之案牍用中国文字记录之,如恐两造争执或有必须时得附录外国语言及各省

土语存案。

按:本条系规定审判衙门所用文字之原则及其例外。所谓案牍者,包括诉讼状证书当事者之供述以及判决书诉讼记录等项。凡系关于本案诉讼所用之书面,均在其内。自应用中国文字记录之。但审理诉讼合解决事实之真相为必要。如恐两造后日有争执或必需时,若用文语记之,失其本意者,得附录外国语文及各省土语存案,以备将来之查核。

第九章　判断之评议及决议

第七十二条　审判衙门合议庭判断案件应按照本法所定推事员数评议及决议之。

按:本条系规定审判衙门合议庭评议及决议之主体。依本法第一章审判衙门通则之所规定,各级审判衙门有独任推事与合议庭二种之区别。独任推事以一个自然人行其审判权,自无评议及决议之手续。至于合议庭,则系集合多数自然人而为一个主体以行其审判权,夫以多数自然人而行审判,则对于诉讼之争点所下最后之判决,各人意见未必从同。故不得不有评议及决议之规定。至各审判衙门合议庭之判断案件,其有评议权及决议权之数,一依本法第一章各审判衙门之合议庭推事之员数以为准。即地方审判厅以推事三员高等审判厅以推事三员或五员,大理院以推事五员行其评议及决议是也。其间或增添一员或减少一员均为违法,遇有上诉之时即足为破毁原判之张本。

第七十三条　刑事案件审问有延至四日以上者,审判衙门长官得另派推事一员莅视为补充推事。

补充推事于庭员有疾病及他事故不能继续审判时,有代理其审问及完结之权。

按:本条系规定合议庭审判刑事案件补充推事之制度。依诉讼法直接审理主义言之,凡同一案件必经同一之推事始终审问而判决之,苟中途变更其组织,其判决应归无效。然独任推事所审理之案件,概属简单不致多延时日,对于直接审理主义,尚无困难之虞。合议庭推事员数既多,而所审理之案件又多繁复,则当审理一案之中途,其在庭推事不能必其绝无因事不能继续审讯而令他员代理之举。此代理推事既未由此案之开始,公同听其审理,则必须由一人之故而使本案从前种种之审理全行更新,似此繁重之手续,在民事诉讼不过稍延时日,尚不致有损害之忧。而刑事诉讼往往将被告人羁押剥夺自由,因此而将诉讼延长则被告人所受之损害实非浅显,是以本于此对于合议庭刑事案件预知其审问必须延至四日以上者,特设有补充推事之规定,盖所以济其穷也。

补充推事遇有庭员因有疾病及其他事故不能继续审判时,有代审问及完结之权。此虽中途变更合议庭之组织,而由始至终在庭与闻其事,既可免审理更新之繁,与直接审理主义亦不相违背。

补充推事当代原推事行使审判权时,设其案件未经完结以前,而原推事障碍之事由已经消减于此场合,原推事得复席与否成一问题,此有下之二学说:

第一说谓原推事原有之审判权不外因有障碍之事由暂行终止,若障碍事由已经消灭,则原有之审判权当然因之回复,依此说时原推事可以复席。

第二说谓原推事既不继续行使审判权,则其中间所经过情事,原推事均未目之,不如仍使补充推事完结之,尚得谙悉本案之始末情形,依此说则原推事不得复席,吾人则赞成是说。

第七十四条　判断之评议审判长总其事。

按:本条系规定审判长关于评议时之行政权。本条之所谓行政权者,即关于评议上一切之手续。例如定评议之开始时期及维持评议中之秩序并评议之终结,检察其意见之多数,凡此行为皆属于审判长之职也。

第七十五条　判断之评议概不公开,但候补及学习推事准其入座旁听。

按:本条系规定判断之评议概不公开之原则。盖评议之行为诉讼之胜负,悉于斯时取决一经泄露不独审判官易招嫌怨,尤足使受制裁者得以预为趋避其流弊,实非浅鲜,故应采秘密主义。但候补及学习推事为实地练习起见,由审判长之许可者,可以入座旁听此实为例外也。

第七十六条　评议判断时,该庭员须各陈述意见。

按:本条悉规定评议时庭员之义务。合议庭之精神原因于事实繁复,必集合多数人之意见而折中方得正当之判决,其根本所在全赖评议之时该庭庭员各陈意见而后合议庭之效果乃出。故各庭员对于该案件之意见如何均有陈述之义务,不得谓无可无不可,或禁如寒蝉不发一言也。

第七十七条　评议判断时,其陈述意见之次序以官资较浅者为始资同以年少者为始,以审判长为终。

按:本条系规定评议时各庭员陈述意见之次序。依前条之规定,凡属承审之合议庭员皆须陈述意见,陈述意见之后又以过半数议决,则是各庭员只须将意见陈述以待决议可矣,至于陈述次序之先后,可无用规定。今本条乃于庭员较资较年以为次第而又必以审判长为终,其理安在?盖人情之常,往往挟资浅资深之成见,故资深者先经发言,则资浅者多因阅历不深不敢自信而雷同其说。即或资格相同也,而年龄尚有长幼之分,则年幼庭员必以年长庭员为富于经验而不敢故为立异,则盲从之弊仍不能免。至审判长居法庭首席,其地位自比陪席推事为高,如审判长先经发言,则其余庭员或将迎合上意随声附和,因而不能得各人真确之意见,以致失合议庭之精神,法律为防此弊端起见,故有本条之规定也。

第七十八条　判断之决议以过半数意见定之。

关于金额,若推事意见分三说以上不能过半数者,将诸说排列以金额之多寡为序数至居中之说为止以该说作为半数,序数至居中之说为止,以该说作为过半数。

按:本条系规定判断评议后决议之方式及变例。东西各国对于会议事件,其决议方式或三分之二主义或采多数主义。今本条对于判断之决议,明揭以过半数意见定之,是三人合议庭必须有二人之同意,五人合议庭必须有三人之同意,方为过半数,方得决议之也。但因前条之结果,各推事评议时须独立直抒其意见,则三人合议庭因各推事意见不同,至分为三说五人说以为决议,实不可不研究之问题,故本条于此有第二项第三项排列折中之规定。关于金额,以多寡为序,关于刑事案件,以不利被告之重轻为序依次排列取其中数即作为过半数,盖所以济其穷也。今略举关于民事赔偿金之例表于下,而关于刑事案件亦可以比例推定之焉。

三人合议庭

甲推事之意见	乙推事之意见	丙推事之意见
六百元	八百元	一千元
	以此说为过半数	

五人合议庭

甲推事之意见	乙推事之意见	丙推事之意见	丁推事之意见	戊推事之意见
一千元	八百元	六百元	四百元	二百元
		以此说为过半数		

依上表所列是三人合议庭分为三说之例,甲说最多,丙说最少,乙说居其中数,故即以乙说作为过半数。至五人合议庭分为五说之例,依甲乙丙丁戊五说依次排列而取其中之丙说以为过半数,固于三人之合议庭无以异也,虽然评议时各推事之意见固须各自独立,不可雷同。然亦有时意见真属相同,则法律亦所不禁。基此原因,五人之评议而分为三说四说之时,亦往往有之,今仍以金额为例,列表于下以明折中之数。

（甲）五人合议庭

甲推事之意见	乙推事之意见	丙推事之意见	丁推事之意见	戊推事之意见
一千元	同上	八百元	六百元	同上

依此说为过半

（乙）五人合议庭

甲推事之意见	乙推事之意见	丙推事之意见	丁推事之意见	戊推事之意见
一千元	同上	八百元	六百元	四百元

折中丙丁说为七百元为过半

依甲表所列是五人合议庭而分三说之例则将其同意者并为一说，仍以中数为过半数至乙表所列是五人合议庭而分四说之例，夫五人三说以同意相并仍为奇数，故犹有中数之可言。至五人四说同意相并则为偶数并无中数之可得，不得已以丙丁二说之和数折中而分之得七百元作为中数即过半数也。

第七十九条　评议判断及各员之意见，均应严守秘密。

按：本条系规定评议严守秘密之义务。其原理盖基于本法第七十五条例判断之评议概不公开之原则，未经宣判之时固应严守秘密以防止当事者之预为趋避或预为防御即经宣判之后，而本条之效力犹在，如不严守秘密，其流弊亦有二种：

（一）伤裁判之威严。当评议之时，各员陈述意见其中意见必不能尽，经一再讨论，然后真理乃出，使其内容为一般人民知悉，则事后之批评必不能免，且使人民易生不信用国家裁判之心，此其一也。

（二）启个人之恩怨。当评议之时，甲主从重，乙主从轻，在甲乙本无存见，然使当事者得知其内容，则对于甲乙自有感恩报怨之观念，万一得当，将有报复之举动，此其二也。

第八十条　大理院民事庭刑事庭及民刑两庭总会须有各庭推事三

分之二以上列席，方得开议。总会由大理院长总司其事，会长由院长自任或命庭长及推事中资深者一人充之。总会之决议，以列席推事过半数之意见定之，大理分院各庭推事依第四十四条第二项之规定有意见书时列入决议之数。

除前项意见书外，大理院长得预征各分院各庭推事之意见书列入总会决议之数。

第七十五条至七十七条、七十八条第二项第三项及前条之规定，准用之于大理院总会。

按：本条系规定大理院开设各庭总会时，评议决议一切之手续。依本法第三十七条之规定，大理院审查上告案件如解释法令之意见与成案有异时，得依法令之义类开民事庭或刑事庭或民刑两庭之总会审判之。是大理院之开各庭总会者专为审理上告案件解释法令上之异点，固与通常第一审第二审之研究事实点者性质迥异，基此原因直接审理主义不适用于总会，必采用间接审理主义，故本条第一项以至第四项之规定，均与通常之评议有别，兹分述之如后：

（一）采直接审理主义者，判断本案之人必须原审之推事，而原审之推事必须全行列席。此固通常评议之原则也。今于总会则联合各庭之推事以为审判，不必皆为原审判之人而各庭推事人数过多，亦不必尽数列席有三分之二以上列席即可开议，此第一异点。

（二）依本法第七十四条之规定，判断之评议由审判长总司其事，今于总会则酌视其事情之轻重，由院长或庭长资深推事为会长，由院长总司其事，此第二异点。

（三）采直接审理主义者，虽系本庭推事苟非原审之人，不得加入本案评议，今于总会则虽函请开设总会之分院。各推事并其余分院各庭推事均得以书面表示其意见加入决议之数。此第三异点。

据此以观大理院各庭总会，其评议决议固不采直接审理主义，盖事实之审理非亲聆其事不能得其真相,法律之审理非博访周咨不能究其终极性质不同主义,斯异至于评议决议之方式,以过半数为决议,决议概不公开。各庭员须各陈述意见,陈述意见依法定之次序并关于金额及刑期折中取数等项,固与通常评议亦无以异也。

第十章　庭　丁

第八十一条　法庭置相当额数置之庭丁。

按:本条系规定庭丁之名。当开庭审判之时,法庭上除推事检察官书记官及诉讼当事人诉讼关系人外,则有庭丁。庭丁既服务于法庭之上,则额设多寡不能一定一,视各庭之诉讼案件繁简为准。是以本条为概括之规定而云置相当数额之庭丁,相当云者,与其司法事务相当也。

第八十二条　法庭开审时,与本案有关系者,均由庭丁引至法庭听审,其预审时亦同。

庭丁职务章程由司法部定之。

按:本条系规定庭丁之职务。庭丁之重要职务即在开庭时引致诉讼人等于法庭之中。询问已毕,引致诉讼人等于法庭以外,苟以庭丁引致而诉讼人不依命令则即可为构成紊乱秩序之原因,而处以相当之罚矣。由司法部定之者,因其属于司法行政之范围,且可统一全国故也。

第八十三条　庭丁应服一定制服。

按:本条系规定庭丁之制服。依本法第六十条之规定,审判长得命旁听之服装不当者,退出法庭。又第六十八条之规定,推事检察官及书记官在法庭执务应服一定制服,律师在法庭时亦同,盖所以维持法庭秩序之道也。庭丁既服务于法庭之上,自不能使其服不当之服装,以害司法之威严,其理由正复相同。

第八十四条　庭丁之雇佣撤换,各审判衙门长官行之。

按:本条系规定庭丁之任免。庭丁之雇佣撤换,系属轻微之司法行政事务,自应属于各审判衙门长官。本法以前各条关于大理院长、高等审判厅长、地方审判厅长、初级审判厅之监督推事,均有监督行政事务之规定,则此项庭丁之任免即在行政事务范围以内矣。但初级审判厅不设监督事者,其任免权仍属之于该管地方审判厅厅长,其分院分厅以准此规定。

第十一章　检察厅

第八十五条　各审判衙门分别配置检察厅如下：

（一）初级监察厅；（删，理由见前）

（二）地方检察厅；

（三）高等检察厅；

（四）总检察厅。

地方高等审判各分厅大理分院分别配置地方及高等检察分厅、总检察分厅。

按：本条系规定各级审判衙门检察厅之配置。夫检察厅之制度为中国前古所未有，从制定法律刑事上观之，盖所谓继受法而非固有法也。其地位之重要不让于审判衙门，且其所干涉之职务尚非如审判衙门仅掌诉讼之审判而已。另有所谓代表国家代表公益之性质，其监视法令之实行也。不问民事刑事皆有必须陈述意见之时，兹先将其沿革及审判衙门配置检察厅之原理分别述之如后：

（一）检察厅之沿革。检察制度实以法兰西为始，兹分为三时期以说明之。

（甲）第一时期。在西历一千二百年代，法兰西检察制度即已萌芽，当时有所谓国王之代理人者，其初不过代表国王办理一切私人之事务。后因保护国王个人之权利，竟代表国王赴审判衙门提起民事诉讼，盖其时学说尚未昌明，皇室国家相混合，国家之事往往混之为皇室之事，因此而代理人事务日渐增多浸淫而国王代理人遍布于全国。但其目的只专在代表国王以行其民事诉讼而与代表国家代表公益之性质全不相涉，是为法兰西检察制度之第一期。

（乙）第二时期。在第一期，国王代理人多得参加之诉讼专系关于国王，各人之一切民事诉讼至于一般之刑事诉讼，则以为与国王无直接关系，代理人亦不复干涉。迨至十四世纪有二种原因发生，一变为国王代理人而为国家之官吏，并干涉刑事诉讼，兹将其原因述之如下：

（1）因刑事诉讼方式变更。初法兰西对于刑事诉讼之方式系采法定证据，各人弹劾主义遇有刑事案件之时，其提起诉讼之被害者，必先依决议探汤种种之方式，以为法定证据一一经历，然后审判官始信其证据坚确，准其有提起诉讼之权而为之审理。其后终因被害者受两种之损害，究属不便。乃采用自由心证发现真实之国家纠问主义。此主义自罗马遗传，经中古时代寺院法而发达，凡有刑事案件不必以被害者或其亲族之起诉为必要，但将其犯罪事实依告诉之方式告之于一种官吏，官吏即为之调查证据加以自由心证而定其起诉之准否，不必再使被害者探汤。但此种官吏当时往往以国王之代理人当其职，此为国王代理人干涉刑事诉讼之第一原因。

（2）因王政状态之变迁，当十四世纪以前法兰西之国势，诸侯分立各不相下。其后渐次兼并，遂有中央集权之势。迨至十四世纪以后法兰西统一，国王为全国之元首，国王之事即为国家之事，于是前此国王之代理人一变而为国家之代理人。从前为国王经理私财之事项，一变而为经理国库之事项，且因当时刑法之黑暗审判，至不公平往往以刑事诉讼为没收人民财产之计。暴君污吏利用此制乃使国王代理人干涉刑事诉讼以遂其私欲，此又为国王代理人干涉刑事诉讼之第二原因。

基此二种原因，当时之国王之代理人虽一变而为国家之官吏，然其性质仍专在代表混合皇室之国家现今时代之代表国家代表公益仍不相涉，是为法兰西检察制度之第二期。

（丙）第三时期。自十五世纪以后法兰西之君权日见强盛，大革命之风潮，而在野之士又复著书立说阐明皇室国家之区别，互相鼓吹真理日出于前，此代表国家皇室混合之代理人亦一变而为真正国家之官吏，以代表国家国家代表公益为其本务。迨革命之时，法兰西检察制度已大致粗备，及至十九世纪以后法兰西之检察制度除英国外，已风靡全欧，是为法兰西检察制度之第三期。

（二）审判衙门配置检察厅之原理。刑事诉讼有二种方式：一为纠问式；一为弹劾式。纠问式者，不待他人起诉得由审判衙门迳行审判之方式是也。弹劾式者，必以他人起诉之案件为限，审判衙门始得审判之方式是也。盖纠问式乃不告而理之主义，弹劾式乃不告不理之主义。故采纠问式主义者，审判衙门不必配置检察厅而采弹劾式主义者，则各级审判衙门非配置检察厅不可此一定之理也。民事诉讼历来各国俱采用弹劾式，刑事诉讼在昔，多用纠问式。今则概用弹劾式，但弹劾式即他人之高发是也。三为国家弹劾式即仅以国家官吏而为诉追机关，虽有告发之人，亦必须经官吏之起诉是也。本法之检察制度即属于国家弹劾式。

第八十六条　检察厅分别配置检察官如下：

（一）初级检察厅置检察官一员或二员以上；（删，理由见前）

（二）地方检察厅置检察长一员检察官二员以上；

（三）高等检察厅置检察长一员检察官二员以上；

（四）总检察厅置检察长一员检察官二员以上。

按：本条系规定各级检察厅机关之组织。其意义与各级审判衙门分别配置院长厅长推事大略相同,初级检察厅不置长官,地方检察厅以上均置检察长,而检察官之员额则悉以二员以上概括之名词定之,盖亦视事之繁简以为准也。

第八十七条　初级检察厅如置检察官二员以上,得以资深者一员为监督检察官监督该厅事务。(删)

其置检察官一员者,该厅事务由该管地方检察长监督之。(删)

地方及高等检察长总检察厅检察长分别监督各该检察厅事务。

地方以上各检察分厅如置检察官二员以上得以资深者一员为监督检察官监督该分厅事。

按:本条系规定各级检察厅监督行政之权。本条规定审判衙门之监督行政权毫无差异,其理由参照本法第十五条、十八条、二十四条、二十六条、三十一条、三十四条、四十三条。

第八十八条　检察厅之设立废止以法律定之。

按:本条系规定检察厅设立废止必要之形式。依本法第十一条之规定,审判衙门之设立废止,以法律定之。盖以司法事项直接关于一般人民之利害休戚者甚大,不得不以严重之手续定之。今各级检察厅其地位之重要,固不让于审判衙门,若其设立废止可以命令变更,则人民权利亦有非常之害,且审判衙门设立废止既以法律规定,则其所配置之检察厅自应以法律定之矣。

第八十九条　检察官之员额由司法部呈准定之。

按:本条系规定司法部有呈定检察官员额之权。依本法第八十六条之规定,仅有二员以上概括之词,究竟应设若干员,此全为司法行政范围内之事,故以其权让之司法部,其理由与本法第十二条相同。

第九十条　检察官之职如下:

(一)刑事。

遵照刑事诉讼律及其他法令所定,实行搜查处分,提起公诉,实行

公诉并监察判断之执行。

(二)民事及其他案件。

遵照民事诉讼律及其他法令所定,为诉讼当事人或公益代表人实行特定事宜。

按:本条系规定各级检察厅检察官之职权,检察官之职权,大别可分为二类:一刑事;二民事及其他事件,兹分项以述之。

(一)刑事。

刑事之职权分为四种:

(甲)实行搜查处分。搜查处分(即现在之侦查处分)者,因断定起诉不起诉之必要而搜集证据之办法也。检察官既为刑事诉讼法上起诉之官吏,则此项为准备起诉程序之搜查处分自应属其职权范围至搜查处分经过之阶段则有三种:

(1)搜查之开始。搜查之开始有出于自动与他动二者之区别,自动者,即由检察官及其他检察辅助官发觉之案件而加以搜查处分者是也。他动者,即非由检察官之发掘而由被害者之告诉被告人之自首及其他一切人之告发而加以搜查处分者是也。

(2)搜查处分之实行。检察官据上述自动或他动之原因而加以搜查处分,其搜查之方法以无强制力为原则,惟对于现行犯或准现行犯则有强制力是为例外。

(3)搜查之终结。既经搜查之后,其终结之办法有三:一为搜查之中止,因其证据被告人之死亡或案件不为罪,以及其他无起诉之理由也;二为移送该管检察厅及该管衙门,即因其事物之管辖不属于其所配置之审判衙门,或被告人有特别身份故也;三为起诉因其证据既足,以供其起诉之材料而管辖又在所配置之审判衙门,即由检察官提起公诉可矣。

(乙)提起公诉。公诉者,对于侵害国家法权之被告人,向审判衙门请求刑罚制裁之诉讼也。夫检察官为代表国家之机关,故公诉权属之于检察官,遇有侵害国家法权之时,既经搜查处分之终结,断定其材料,认为足以起诉乃为公诉之提起。公诉之提起者,使审判衙门干与案件之间始行为也。无论预审公判除法律特定外,未经检察官之提起公诉,审判衙门不得有审判之权,惟关于此欧洲各国则有三种主义,兹列举如下:

(1)一般人民起诉主义。此主义以一般人民为组织国家之一分子,犯罪有害于国家,故许一般人民有诉追之权,此主义于英美两国尝行之。

(2)被害者起诉主义。此主义不以国家之利益为主,而以私人之利益为主,我国前清时代即采此主义,其他各国有限于轻微案件而后许之者如德国治罪法是也,有限于检察官不起诉之时而后许之者如奥国治罪法是也。

(3)检察官不起诉主义。此主义始于法国,以犯罪行为有害国家之安宁及社会之秩序,故必律有特别规定外,均可诉追,德国及日本皆仿行此主义,故我国亦采用之。

提起公诉之权既属于检察官,凡一切刑事诉讼应起诉与否,检察官固可自由裁夺,但既经搜查以后,未经起诉以前,对于证据完备及应行起诉之案件,尚有不起诉之自由与否,成一问题于此有两种学说。一为便宜主义,一为励行主义。采便宜主义者,以检察官代表国家保护公益,若有一种犯罪一经起诉,反于公益有害,不如使检察官有不起诉之自由,转可以保全公益,故此主义又称为自由主义、放任主义。采励行主义以提起公诉为检察官之职权既有犯罪证据,自应依法起诉,不能任意变更,故此主义又称为追诉主义、法定主义。二说相较,自以后说为是,因检察官不提起公诉可以保全公益者,容或有之而不多见,只能作为例外。若以便宜主义为原则,难保检察官不借此放弃职务,但检察官若于搜查之终结认为不足起诉者,即不为起诉,虽采励行主义者亦所不禁,盖此为检察官之事实认定权也。

(丙)实行公诉。实行公诉者,谓提起公诉之后,与刑事被告人在审判衙门实行诉讼之行为也。盖无论公诉起诉,断无一经提起之后,不复干与,不与相对人实行诉讼之理,其在私诉则原告之举证行为,辩论攻击行为,以及裁判终结之承诺行为,或上诉行为,凡此行为皆属于诉讼之实行,故检察官提起公诉与一私人提起私诉有同一性质。既经起诉之后,则对于本案之被告人亦必不能无实行诉讼之行为。是以关于第一审、第二审、终审以及抗告、非常上告、再审、再诉、大理院之特别管辖案件,一切诉讼之进行,莫不有检察官之莅庭审视陈述意见等种种之行为。其判决之确当者,则依判执行。若其判决有不当之时,仍可依各种上诉之方法而施其攻击,必使提起公诉之目的于圆满,然后判决确定始入于执行之范围。

(丁)检察判断之执行。判断之执行,其性质之认定,各国不同,故所属之机关亦不一致。德意志旧诉讼法及意大利之诉讼法,皆以执行为裁判权之一种,划归审判衙门。而法兰西诉讼法因采三权分立主义,属于行政处分,不许审判衙门干预。日本采折中主义,以之属于介乎司法行政之间之检事。本法亦以为检察官之职权是所采主义与日本正复相同也。

判断执行之范围,非专指执行刑罚一项,乃包括有罪判决与无罪判决等而言。盖受刑之宣告者,固不问其为死刑自由刑财产刑,其执行处分均由检察官监视指挥,即有时受无罪或免诉之判决,其证物之返還以及被告人之放免,亦必由检察官监视执行,盖此项事件亦属执行之一部也。

(二)民事及其他事件。

检察官为司法行政之官吏,其最重要之职权于刑事诉讼处于原告之地位,请求法之适用,监察判断之执行,盖为保护公益不得不尔至民事及其他事件,纯属私权范围,似不以检察官干涉为必要。然有或种事宜于公益上有密切之关系,拥护私权即维持公益于此情形不能不使检察官参与其间陈述意见,是以本条关于检察官之职权亦有民事及其他事件之规定,盖以此也。

刑事诉讼无不与国家公益有密切之关系,故检察官之干涉刑事诉讼亦采概括主义。凡系刑事大都由检察官干涉,至于民事及其他事件不能采概括主义而必用列举主义。凡民事诉讼律及其他法令之中列举某条,检察官应为诉讼当事人,某条检察官应为公益代表人,然后检察官始能依其规定而加以干涉,其未经列举诸条,检察官即无干涉之职权。就民事言之如禁治产事件,民律草案第十九条规定请求宣告禁治产,除本人配偶者等有此权限外,检察官亦得为之是即检察官为诉讼当事人之一例也。又如民事诉讼法草案第七百四十七条规定检察官应于辩论时临场陈述意见,是即检察官为公益代表人之一例也。就其他事件言之如非诉讼事件,但此又有民事非讼事件与商事非讼事件之别。民事非讼事件者,如民律草案第一百四十五条规定财团法人之设立人若未定有名称事务所及任免董事之方法而死亡者,其利害关系人固可请求审判衙门定之而检察官亦得为此声请商事非讼事件者,如公司法草案第十八条规定公司法有违反公共秩序或善良风俗行为时,检察官得请求审判衙门解散之检察官,依其规定而实行之即本条之所谓实行特定之事宜也。

第九十一条　审判衙门为民事诉讼当事人时,应由配置该审判衙门之检察厅检察官代理为原告或被告。

按:本条系规定检察官特别之职权审判。审判衙门为民事诉讼当事人时,例如审判衙门因添设法庭与工匠订工程契约款已交付,而工匠不如约建筑时,设审判衙门提起诉讼即可由配置该审判衙门之检索厅检察官代理为原告。及反之如工匠已如约建筑完竣,而审判衙门不将款项交付,设工匠提起诉讼即可由配置该审判衙门之检察厅检察官代为被告,盖以审判衙门者,国家之司法机关也。从法律上之地位,实为公法人。其机关组织虽以推事等为其主体,然不得即指为推事等之审判衙门,盖别有所谓法律上之人格在也。既有人格则不能无法律关系以为权利主体。私权诉讼法必不能免,故不得不以检察官为法人之代表居于原告或被告之地位以行其诉讼。

第九十二条　检察厅之管辖区域与各该审判衙门同。

按:本条系规定检察厅土地之管辖。依本法第八十五条之规定,各衙门分别配置检察厅,是有一审判衙门必有一检察厅配置于其中。审判衙门既有管辖之区域,则其所配置之检察厅管辖区域自以与审判衙门同一范围,方为便利。盖检察官之事物管辖,因检察之性质上下一体,全国一致,不能名为区别,至于土地之管辖,则非上下级权限之关系乃同等官厅责任之关系,自应加以区划,以便各有专司,此土地之管辖,所以不可不明为规定者也。

第九十三条　检察官遇有紧急事宜,得于管辖区域外行其职务。

按:本条系规定土地管辖之例外。依前条规定,检察官应于管辖区域内行其职务,然从检察厅职务上观之,亦有不尽然者。如关于搜查处分等事项,往往有迫不及待之势,若必概以土地管辖之原则限之,则遇有紧急之时,则犯人之逃亡及湮灭证据之弊,必不能免。故本条特于前条土地管辖之后而附以管辖区域外,得行其职务之例外,但必以紧急事宜为限。如非紧急事宜,仍依原则。盖划分区域原以收官厅分职之功临时变通更以见检察一体之效也。

第九十四条　检察厅对于审判衙门应独立行其职务。

按:本条系规定检察厅对于审判衙门积极之权限。检察厅既分别配置于审判衙门之中,而其管辖区域亦以审判衙门为准,故从形式上观之,几疑检察厅为审判衙门之附属机关。然从实质上观之,则检察厅之位置在法律上实与审判衙门居于同等之地位。故本条明揭其对于审判衙门独立行其职务,盖不许审判机关干预检察机关也。

第九十五条　检察官不问情形如何,不得干涉推事之审判或掌理审判事务。

按:本条系规定检察厅对于审判衙门消极之权限。依前条之规定,检察厅对于审判衙门既独立行其职务,不受审判衙门之干涉,然其范围必以检察厅之职务为限。若属审判范围以内之事物,不问情形如何紧急,检察官一概不得干涉,不得掌理,盖司法独立之精神固如是也。或者不察因检察官实行公诉监视判断之执行,遂疑检察官有监督审判之权,是实大谬不然。盖检察官之对于审判衙门陈述意见及纠正违误并无强制力之性质,审判衙门继有不适当之判决,只能提起上诉为攻击之方法,实无监督权之可言也。

第九十六条　总检察厅以下各检察办事章程由司法部呈准施行。

除京师外,各省由高等检察长按照前项章程统一全省检察厅应办事宜,并发布命令定开厅时刻。

按:本条系规定各级检察厅办事章程呈定及统一之权。检察厅之办事章程与审判衙门之办事章程,其性质无异。盖亦指关于一切行政事宜如检察厅之报告方式统计表解以及考勤给假诸事项,检察厅之性质司法而近行政以司法总长为之首领。自总检察厅以下,均属一脉相承,聊为一气。故虽总检察厅之办事章程,亦必由司法部呈准施行,其以统一权之一部委任于各该省之高等检察厅者,其意义与本法第四十七条相同。

第九十七条　各检察厅长官按照办事章程及其他命令,应于每年年终预订次年下列事宜:

(一)分配检察官应办之事务;

(二)定检察官之配置。

初级检察厅事务之分配及检察官之配置，由该管地方检察长行之。(删，理由见前)

地方以上各检察分厅事宜由本厅长官行之。

按：本条系规定各检察长官有预订各厅次年度检察事务分配及检察官配置之权。审判衙门既依司法年度，有预订次年一切事项之规定，则关于检察事宜自应依司法年度预订为规定。惟是检察厅之性质与审判衙门之性质各不相同，故其规定亦绝不能与审判衙门一致。兹将本条与本法第四十八条相比较有二大异点：

(一)审判衙门于每年终预订次年事项，必经司法会议之决议，然后方能分配至检察厅则并无会议之规定。只于每年年终由各检察厅长官定其分配及配置。

(二)依第四十八条之规定，审判衙门关于预订事项约有三种：一为事务分配；二为推事配置；三为代理次序。今本条关于预订事项，仅有检察事务之分配及检察官之配置。二者而已至于代理次序一项因检察官则上下一体，彼此相代不为侵越，只事实上之便利，并无一定次序之可言，故不列于各条预订事项之内。

初级检察厅并地方以上各检察分厅皆无长官，故将其预订权属之于各该管地方检察长及各本厅长官，盖亦以检察厅服从长官为原则故也。

第九十八条　检察官均应从长官之命令。

大理院审判特别权限之诉讼案件时，与该案有关系之各级检察官应从总检察厅检察长之命令办理一切。

按：本条系规定各级检察官对于长官命令之关系。盖审判衙门与检察厅之性质绝不相同。审判衙门不独级级独立，即同级之中而推事之权限，亦人人有独立之范围。绝对的不受长官之命令至于检察官则与审判衙门之推事，适成一反比例，无论上下级长官属官均有同为一体之性质,自然不能无命令服从之关系。如身之使臂,臂之使指,以全其敏活之效用,此本条所以规定检察官均以服从长官之命令也。

大理院审判之特别权限案件者,即本法第三十六条第三款之规定,此种案件其搜查处分往往发之于高等以下之检察官,但此时该检察官等依前项之原则,固应服从本厅长官命令,然其事件既属于大理院之特别权限则已入于总检察厅之范围。若总检察长之意见与本厅长官意见有歧出之时,该检察官究应服从何处命令,今因防此冲突不得不有本条第二项之规定。

第九十九条　检察官遇有必须代理情形得代理所属检察厅检察官。

按:本条系规定检察官普通代理之制度。夫检察官之性质,既以上下一体为原则,故关于代理制度亦出以简单之办法,遇有事故必须变更检察厅事务之分配及检察官之配置之时,则各该厅之检察官当然有代理所属检察厅检察官之责,此则为上级代理制也。

第一百条　地方及高等检察长、总检察厅检察长有亲自处理各管区域内检察官事务之权,并有特将各该管区域内检察官之事务移于别厅检察官之权。

按:本条系规定各检察厅长官对于该管以内各检察官办理检察事务处置之权。各检察厅长官基于检察一体之原则,遇有该管区域内检察官执行检察事务有不便或不当之时,除行使本法第一百五十九条之监督权外,尚得依本条亲自处理及移转管辖之权亲自处理者,即将该管区域内之下级检察官之事务,提归该长官自行直接办理是也。移转管辖者即以长官之命令,即将其应行管辖之事务移属别厅是也。移转之方法有三:(1)同级移转即将其事务移转于同级官厅是也;(2)上级移转即将其事务移转于上级官厅是也;(3)下级移转即将其事务移转于下级官厅是也,但此有应注意之一点即无论该检察长官亲自行处理或移于别厅,其以前检察官所办事务苟不违背法律皆当有效。

第一百一条　学习检察官及学习推事得由司法部派充代理检察官办理地方检察厅事务。

按:本条系规定学习人员代理检察官之例外。依本法第九十九条之规定,是检察官必须代理之时,必以现任上级检察官代理所属检察官为原则。本条系规定学习推事学习检察官得由司法部派充代理检察官,但以办理初级检察厅事务为限,盖以初级检察厅之事件多系轻微故不妨稍事变通以期便利。

第一百二条　司法部及各省高等检察厅得命检察厅所在地警察官或城镇总董乡董办理该检察厅事务。

按:本条系规定其他官吏及公吏办理检察厅事务之例外。依前条之规定,地方检察厅之检察事务既可以学习人员代理,较之地方以上各级检察厅固以稍事变通,然初级检察厅有在偏僻之区事务较简。因节省经费及种种便利起见,仍可再示通融,故本条规定得由司法部及高等检察厅命其所在地之警察官办理该厅检察事务也。

第一百三条　初级检察官如有不得已之事故,初级审判厅监督推事得因请求派该厅推事临时代理其不设监督推事者,由该管地方审判厅厅丞或厅长行之。(本项删)

地方及高等检察官总检察厅检察官如有不得已之事故,各审判衙门长官得因请求派各该厅推事临时代理。

地方检察厅并用该厅候补检察官代理。

本条之代理以紧急事宜为限。

按:本条系规定检察官临时代理之制度。依本法第九十九条是检察官之普通代理,业已明为,而前二条复将初级检察厅办理检察事务特设种种之例外,何以本条又有临时代理之规定,盖因事变非常不得已之事故往往难免。如检察官之死亡更调前后交替之时,检察机关一息不停而继任者尚未能到,遇有紧急事宜,断不能留以有待,此所以于普通代理等之外,另有临时代理等之制度也。

临时代理必事出仓促,且当迫不及待之时,其代理人员自应以其所配置之审判衙门官吏为最近便。故各审判衙门长官于此时得因该检察厅之请求,派该管推事为临时代理员,取其同在一官厅之内,无往返之劳而有即法之便也。

总检察厅高等检察厅均无候补检察官之分发,而地方检察厅以下以本法第一百三十一条之规定,则有候补检察官以听候补用。故地方以下各级检察厅亦可用候补检察官充临时代理员。

第一百四条　各检察厅检察官得调度司法警察。

检察厅调度司法警察章程由司法部内务部会同呈准施行。

按:本条系规定各级检察官得调度司法警察之权。依本法第九十条之所规定,是检察官之职权以搜查证据逮捕人犯为其专职。然犯罪状态极为复杂,而证据搜查又属烦难,若该检察官必仅仅以一手一足之烈躬亲行之,其势必有所不能,故必须有司法警察官以为之辅助。但司法警察官为内务部之所属,而检察官则为司法部之所属,以素无统辖之员,欲使受其指挥,听其调度,则非明定之不可。其检察厅调度司法警察章程,由内务部司法部会同定之不可。

第一百五条　检察厅权限及办事方法,本法所未定者,应按照诉讼律及其他法令所定候理。

按:本条系规定与本法有直接关系之法令。对于检察厅权限及其办事方法有同一之效力,盖检察厅之权限及办事方法所已规定者,自当以遵用本法为原则。然本法之外尚有未经规定者,则不能不按照诉讼律及其他法令办理,盖以诉讼律及其他单行法令补充本法之未备也。

第十二章　推事及检察官之任用

第一百六条　推事及检察官应照法官考试任用章程,两次考试合格者,始准任用,法官考试任用章程另定之。

按:本条系规定推事及检察官考试任用之原则。推事及检察官为人民生命财产名誉自由之所寄托,责任重端贵得人,故中西各国对于推事及检察官之任用,莫不以试验合格为原则。我国仿照日本用两试制度,第一试考其学识,第二试考其经验,经两次考试合格者,始准任用,盖所以严选也。

法官考试任用章程即关于考试之手续,应考之资格应试之科目以及分发学习期满任用等种种之详细规则是也。因其条目太繁且有随时增损之处,故不定之于本法之中,而以章程另定之,盖取其便也。

第一百七条　凡在法政法律学堂三年以上领有毕业文凭者,得应第一次考试,其在京师法科大学堂毕业及在外国法政专门学堂毕业,经特定考试合格者,以经第一次考试合格论。

按:本条系规定受第一次考试之资格并其例外。

依前条之所规定，是推事检察官之任用，必以经二次考试合格者为准矣，然有如何之资格始可以，应以第一次考试。各国关于此项问题多采用限制主义，立有一定之程途，合此程途方有应试之资格，盖法官之关系系至重。若尽人皆可应试，将人人怀侥之心。设有一二意外及第之人，则转使潜修之士闻而气沮，此所以本条第一项特有在法政法律学校三年以上毕业者，方得应第一次考试之限制。盖立法之精神不独在临时拔取真才，且欲使志愿司法官平时有休养之劳工也。

其在京师法科大学毕业及外国法政大徐或法政专门学校毕业，经特别之试验后即以第一次考试合格论，盖以因其所考科目与第一次考试者大略相同，故有此例外之规定。

第一百八条　第一次考试合格者，分发地方审判厅检察厅学习，以二年为期满。

按：本条系规定经第一次考试后分发学习之处所及期满。第一次考试合格者，包前条原则及例外二项而言，分发地方审判厅者，谓之学习推事分发地方检察厅者，谓之学习检察官而学习期限，本法则以二年为满。

第一百九条　学习推事应受该管地方审判厅长之监督，学习检察官应受该管检察长之监督，其品行性格分别由该监督官届时出具切实考语。京师迳呈司法部，各省送由高等审判厅长、检察长详报司法部覆定鉴别之，其劣者得随时罢免。

按：本条系对于学习人员之监督权。学习推事之监督权，则以地方审判厅厅长行之。学习检察官之监督权，则以该管检察长行之，其品行性格分别由该监督官届时出具切实考语，京师迳详司法部各省送由高等审判厅长检察长详报司法部覆定鉴别之其劣者，得随时罢免。盖其人之品行性格，平时考验皆居劣等即经第二次之考试，亦必在罢黜之列，不如随时淘汰以免多一次周折。但此仅规定其品行性格于学习成绩一项,并未言及殊觉不当又届时出具切实考语,究届于何时,其范围本条并未明定。按法文之意,大抵指每年年终而言也。

第一百十条　凡在地方审判厅学习满一年以上者,得由该厅监督官派令掌理特定司法事务,但不得审判诉讼并管理登记及其他非讼事件。

在地方检察厅学习满一年以上者,得由该厅检察官派令掌理特定检察事务,但除第一百一条所载外,不得代理检察官。

按:本条系规定学习推事学习检察官学习期中实地练习之意外。依本法第一百八条之规定,第一次考试合格者,分发地方以下审判检察各厅学习,以二年为期满。是此二年之中均以随同学习为本务,并无掌理司法事务及检察事务之特权。但此项学习人员既经一次考试,则其法律知识自必已有凭证,其所缺者,只在事实之经验而已。故学习既满一年以上,则已非毫无经验者可比,自可略示变通,予以实地练习之例外。在官厅既可以得其补佐之功,而学习人员于随时修习之余,反可多增之进步。惟学习推事只能由该厅监督官派令掌理特定司法事,但不得审判诉讼并管理登记及其他非讼事件,盖审判事务与人民生命财产有莫大关系,而登记及其他非讼事件,其有关于人民诉讼权利尤为重大,故不能使学习推事掌理其精神所在。即不肯以人民之权利为学习者试验之资,至学习检察官得由该厅检察官派令掌理特定检察事务但不得代理检察官。然本法第一百一条之规定,尚不在此限制之内,其视审判衙门之限制固已宽矣。

第一百十一条　学习人员期满后,受第二次考试,其合格者始准作为候补推事候补检察官分发地方审判厅检察厅听候补用。

按:本条系规定学习人员期满,经第二次考试后分发候补之制度。学习人员期满后应受第二次考试,其合格者固可作为候补推事、候补检察官分发地方审判厅、检察厅听候补用。其经第二次考试未合格者,依各国立法例,大都等于罢免,其以前学习资格均归消灭。

第一百十二条　领有第一百七条所载之文凭,充京师及各省法政学堂教习或律师,历三年以上者,得免其考试作为候补推事候补检察官。

按:本条系规定免考之例外。推事及检察官之任用,均以考试为原则,且以二次考试为原则,乃对于第一次考试则有本法第一百七条第二项之例外。对于第二次考试又有本条之例外,免第一次考试者,犹有第二次考试是其任用仍以考试为原则。至并第二次之考试,则其任用性质纯然为考试任用全部之例外。本条只云领有第一百七条所载之文凭,并无何等限制,是包括第一项第二项者而言也,盖取其既经毕业学识上已有确实之凭征。复充当法政学校教员或律师,历三年以上则其于社会事实之情状自必富于经验。夫以原有法律学识之人而又使之三年从事于法律事实之经验,其价值自与经第一次考试后学习期满又经第二次考试合格者,无所差异。故本条规定得免其考试,使之取得与前条同一之候补推事、候补检察官之资格。

第一百十三条　候补推事候补检察官得不拘年限,遇有缺出即行任,惟以先补地方为限。

按:本条系规定候补推事候补检察官补缺之方式。凡属候补人员,不论其分发初级审判检察各厅或地方审判检察各厅,均以先补初级之缺为原则,盖不由最低之阶层累而升,则恐其于职务之经验未能尽达。其有候补至三年以上,仍未补初级之缺而其经验与已经补缺候升之员无所差异者,亦得酌量补地方各缺。但此特别例外之规定,属于临时之酌量,非候补三年以上之员皆不补初级,必补地方各缺也。

第一百十四条　地方审判检察厅遇有缺出,在京由地方审判厅长、检察长,在外由高等审判厅长、检察长,呈请司法部以候补推事候补检察官署理。

按:本条系规定地方以下审判检察各厅署缺之手续。所谓署理者,即未经补以前先行试之以事之谓。如果才能胜任,即以之补本条特规其经手之手续耳。

第一百十五条　凡有下列情事之一者,不得为推事及检察官:

(一)因褫夺公权丧失为官吏之资格者;

(二)曾处三年以上之徒刑或监察者;

(三)破产未偿债务者。

按:本条系规定为推事及检察官者消极之资格。自本法第一百六条以下皆规定可以为推事及检察官之资格,是从积极一方面观察。本条乃规定不能为推事及检察官之资格,系从消极一方面亲察其意,正属相反。盖推事及检察官之职务,均与人民权利有重要之关系。生命财产需以赖为焉,故非品行端正之人,必不足以得社会之信用,是以本条于此特设严重之限制凡欲为推事及检察官者,虽其备以上诸条消极资格之一款,即将其积资格全然丧失,今将其条件分述于后。

(甲)褫夺公权。依新刑律第四十六条之规定,凡褫夺公权者,终身褫夺其第一款即系为官吏之资格。故凡在既经褫夺以后未经复权以前,一切官吏当然不能充任司法官吏尤为重要,故以之为消极资格之一。

(乙)三年以上之徒刑或监禁。依新刑律第三十七条之规定,三年以上之徒刑者即一等至三等有期徒刑是也。至于三年以上之监禁,则非刑律之范围,当指适用其他法令者言。盖受徒刑或监禁者,不必皆褫夺公权,但既满三年以上之长期,虽不褫夺公权,亦以之为消极资格之一。

关于民事上之责任。因刑事而丧失为官吏之资格,理固宜然,至于民事则全系私权之关系,似不应有丧失为官吏之效力,但关于受破产之宣告,未经清偿债务者,虽私法上之关系,究其人之品格,对于社会已失信用,自不能更为司法官吏,故亦以之为消极资格之一。

第一百十六条　大理院长为特任官,总检察厅检察长、大理院庭长、总检察厅首席检察官、各高等审判厅长、高等检察厅检察长、京师地方检察厅检察长,俱为简任官。各省地方审判厅长、检察厅检察长及各推事检察官,俱为荐任官。

按:本条系规定各级审判衙门及检察厅职员任用之形式。依三年十二月十六日教令公布文官任职表大理院长为特任官总检察厅检察长大理院庭长总检察厅首席检察官各高等审判厅长高等检察厅检察长京师地方审判厅长京师地方检察厅检察长俱为简任官。各省地方审判厅长检察厅检察长及各推事检察官俱为荐任官。

第一百十七条　前任各官等级细目另以官制定之。

按:本条系规定各级审判衙门及检察厅各官等级细目,另以官制定之。

第一百十八条　补高等审判厅推事及高等检察者,须有下列资格之一:

(一)任推事或检察官历五年以上者;

(二)照第一百十二条充京省法政学堂教习或律师五年以上而任推事及检察官者。

按:本条系规定高等审判厅及检察厅推事检察官任用之资格,依四级三审之制,高等审判厅之事物管辖有第二审及第三审,故审理之诉讼大都关于事实上烦复案件之复审或法律上困难疑问之解决,则其推事之学识经验,均非比地方以下各厅推事更进一层不足以胜其任检察官之资格,必与其所配置衙门推事之资格相同,方能立于对等地位。是以本条明为规定特限于二种之资格方能为补:(1)任推事检察官五年以上者,此项资格系指推事检察官补缺以后更历五年者而言,其候补学习时期均不得算入五年任期之内;(2)照第一百十二条所载充当教员或律师五年以上而任推事及检察官者,此得不拘前项历任五年以上之原则。

但必须已任推事及检察者方能得此项资格。此二种限制盖较本法第一百十三条地方以下各厅补缺资格尤为严也。

第一百十九条　补大理院推事及总检察官者,须有下列资格之一:

(一)任推事或检察官历十年以上者;

(二)照前条第二项充当京省法政学堂教习或律师十年以上而任推事及检察官者。

按:本条系规定大理院推事及检察官任用资格,大理院为终审衙门有统一全国法律职务其所配置之总检察厅亦为检察官最高之级。故其推事检察官之资格均非比前条资格再进一层不可,今均以十年为限,盖较高等推事检察官其资格又加一倍也。

第一百二十条　前二条所载年限均应接续计算。

按:本条系规定高等以下推事检察官补缺资格计算年限之方法,依前二条之所规定是高等以上推事检察官补缺资格,均以年限为准,其有不合前二条所载年限者,当然不能有补高等以上推事检察官之资格,此固一定之理也,但计算年限之方法尚有接续计算之例外。所谓接续计算者与继续计算不同,兹分为资格转移之接续及资格中断之接续,二者资格移转之接续者,即不问推事检察官即不问推事检察官教员律师不拘任何资格,各历若干年,苟合并计算足五年或十年者,则其移转资格之人与未经移转永守一资格之人有同一之效力,盖不以合并计算为嫌也。资格中断之接续者,即不问推事检察官教员律师,其前后资格有中断之时,苟前资格与以后资格合并计算足五年或十年者,则其资格中断之人与未经中断始终其职。已历五年或十年之人亦有同一之效力,盖不以前后接算为嫌也。

第一百二十一条　推事及检察官在职中不得为下列事宜:

(一)于职务外干预政事;

(二)为政党及中央议会或地方议会之议员;

（三）为报馆主笔及律师；

（四）兼任非本法所许之公职；

（五）经营商业及官吏不应为之业务。

按：本条系规定在职推事及检察官行为之限制，因维持司法独立之精神，故关于推事及检察官之行为，不得与一般行政官吏同其规定，必有特别限制然后方能保审判诉讼之公平，兹将其限制事项依前述之于后。

（一）于职务外干预政事。推事以审理诉讼为其职务，检察官以执行检察事务为其职务，除此之外一切政事皆不得干与。其所以不得干预者，以其立于司法地位无干预之权也。

（二）为政党员政社员及中央议会或地方议会之议员。此等党员社员议员皆以干预政事为其本务，司法既经独立，则推事检察官自不充任此职。

（三）为报馆主笔及律师。报馆为舆论之机关，律师为人民之保障，故其对于推事及检察官恒居于对待之地位而以纠正违误为其职务，若推事检察官自己为之则不足以存公道。

（四）兼任非本法所许之公职。推事及检察官除兼任本法所许之公职外，其余一切公职均不得兼任，盖欲其专心审判检察事务不以其他职务纷扰之也。

（五）经营商业及官吏不应为之业务。经营商业者以竞争私人之利益为其目的与公平。正直之司法官吏性质绝不相容，故经营商业亦绝为绝对的限制，此外虽非商业但有损官吏威严之业务，并皆在限制之列。

第一百二十二条　推事及检察官如因精神衰弱不能任事，各省由高等审判厅长检察长详报司法部呈请退职京师，由各审判衙门检察厅长官报明司法部呈请退职。

按:本条系规定推事及检察官退职之制度并其手续。推事及检察官之职务关于人民者甚大,故各国立法例对于此项官吏之地位,必予以特别之保障而不使与行政官吏同其运命。是以有所谓司法官终身之惯语。虽然官吏之服务必以身体健全克尽厥职为最要。设推事检察官有精神衰弱不能任事之时,则亦不得滥竽充数。故于此特设退职之制度。至精神衰弱之标准,本条并未规定,自应不分因年老而精神衰弱或因疾病而精神衰弱但以不能任事为限,皆应退职。至精神衰弱之程度,必须是永久的或长期的方能适用此制。若偶然疾病暂时精神衰弱则应适用代理制度至其退职之手续,各省由高等审判厅长检察长详报司法部呈请退职。京师由各审判衙门检察厅长官报名司法部呈请退职。

第一百二十三条　审判衙门及检察厅如有裁改之推事及检察官由司法部呈请,给以全俸遇缺即补。

按:此条系规定裁缺推事及检察官之权利,审判衙门及检察厅如有裁改,其裁缺之员仍给全俸。遇缺即补者,盖因其裁缺乃别有原因并非推事检察官自己之关系,而生活结果者也。

第一百二十四条　自大理院长以下所有推事及检察官之廉俸并进等进级章程。除本法规定外另以法令定之。

按:本条系规定法官廉俸章程另定,以补本法之不足,大理院长虽为该衙门长官,然其性质亦为司法官吏而非司法行政官吏,故自其本质观之,亦一推事也。特其官秩较崇而加以特别名称。是以规定法官廉俸章程,必自大理院长以下所有推事及检察官一切包括在内。

第一百二十五条　司法部对于推事及检察官不得有勒令调任借补停职及减俸等事,其有下列情事者不在此限:

(一)关于第一百二十一条、一百二十二条所指情节者;

(二)系候补推事及检察官尚未补缺者;

(三)因惩戒调查或刑事被控律应停职者;

(四)出于刑律之宣告或惩戒之处分者。

按:本条系规定巩固法官地位法律上之保障司法独立之精神,全在不屈不挠行其是以法律为准则,而不以长官之意见为从违,盖所以保护人民之权利者,不得不如此也。但法官地位若不巩固,则虽欲其守正独立为人民之保障而不可得。是以本条所规定不得有勒令调任借补停职免职及减俸等事。但此等事项属于司法行政权之范围,苟合于法律列举之条件仍可行使此种行政权也。兹将其条件分述于后:

(一)因违背本法第一百二十一条之限制有于职务外干预政事以下。五项之行为者,或有第一百二十二条之精神衰弱原因而应在退职之列者,则司法部得行使其行政权而处分之。

(二)未经补缺之候补推事及检察官如因人地不宜,得由司法部以行政权发调任或借补之命令因其原系候补之员尚无一定之任所故也。

(三)基本法第一百十九条、一百六十条之原因,应受惩戒处分而正在调查之时或因刑事上问题被控在案而未经终局判决者,虽其时有罪无罪尚未宣告,然情节较重法律上定有先行停职之明文,司法部亦得据之以为停职之原因。

(四)以刑事之宣告或惩戒裁判之处分为原因而受法律上制裁者,司法部应依其裁判而以行政权行之。

第一百二十六条　推事及检察官之廉俸,虽在惩戒调查或刑事被控仍应照给。

按:本条系规定优待法官之权,凡法官受惩戒调查或刑事被控之时,有先行停职以待判决者,有并不停职以待判决者停职与否一凭法律所定为限,其无须停职者,自应照常给俸,独于停职以待判决者,其停职期内是否停职成一问题以吾人观之。此项因待判之停职,其停职与否尚未确定,不过因裁判上之暂时命令停职与不停职并未区分,自应与不停职者同受俸给。

第一百二十七条　推事及检察官退职后得受恩俸，其细则于廉俸章程中附定之。

按：本条系规定法官退职后恩俸之制度。推事及检察官其在职之中为国家维持法权为人民保存权利迨至精神衰弱而有退职之时，自应予以相当之报酬以答其勤劳，此得受恩俸之理由也。但推事及检察官须在职若干年始得有受恩俸之资格而恩俸之金额，究应若干此皆属于细则之规定，故本条让之于廉俸章程附定之。

第十三章　书记官及翻译官

第一百二十八条　各审判衙门分别置书记官长书记官掌录供编案会计文牍及其他一切庶务：

（一）初级审判厅置录事；（本款删）

（二）地方及高等审判厅置典簿主簿录事；（删）

（三）大理院置都典簿典簿主簿录事。（删）

按：本条系规定各审判衙门书记官之制度。书记官虽为审判衙门之属官，然于职务范围以内亦有独立之特质绝非行政官厅之秘书书记，仅供长官之驱使者可比，故其所执行之事务纯然为职权所发生，而非由于长官之委任，其地位重要，除推事检察官而外，莫与之抗，且开设法庭之时，书记官亦必列席而为法庭之构成员，其地位概可知矣。故本条规定各审判衙门分别置书记官掌录供编案会计文牍及其他一切庶务。

第一百二十九条　初级审判厅应置书记官，不得少于该厅独任推事之数，如置二员以上时，资深者一人为长监督其余各员。（本条删）

按：本条系规定初级审判厅书记官之制度，书记官为法庭之构成员，故不得少于该厅独任推事之数。

依本法第十四条初级审判厅视事之繁简,酌置一员或二员以上,符推事之数,其置书记官二员以上之时,资深者一人为书记长使负监督之责。

第一百三十条　地力及高等审判厅应置书记官不得少于该厅合议庭及独任推事之数,置书记官长一人从厅长之命令分配其余各员之事务并监督之。

按:本条系规定地方及高等审判厅书记官之制度地方及高等审判厅书记官之制度,地方及高等审判厅应置书记官不得少于该厅合议庭及独任推事之数,其事由与前条相同,书记长从厅长之命令分配,其余各官员之事务者,盖以书记官之事务分配,纯然为一种司法行政事宜,庭长既为该庭长官,以监督行政事务为其职,书记官从其命令而分配事务,实所以保司法行政权也。至于分配之后于其分配范围内书记长亦得以行其监督权。

第一百三十一条　大理院应置书记官不得少于该院合议庭推事之数,置书记官长一人从院长之命令分配其余各员之事务并监督之。

按:本条系规定大理院书记官之制度,其理由与前条相同。

第一百三十二条　大理分院高等及地方审判各分庭应置书记官不得少于合议庭及独任推事之数。

按:本条系规定大理分院高等及地方审判各分厅书记官之制度,夫分院分庭之设立系为便利人民节省经费起见,故其一切制度大都较之本院本厅为简所以本条系规定书记官之员额不得比分院分庭之合议庭及独任推事之数再少,至于应否设置书记长一人,本条虽无规定,盖亦视事之繁简分别酌置也。

第一百三十三条　各检察厅分别置书记官长书记官掌该厅会计文牍及其他一切庶务。

按:本条系规定各检察厅书记官置之制度,本条规定与审判衙门无异,惟第二项云前二项之规定准用之于检察分厅,其二字当属衍文,盖第二项前仅有一项故也。

第一百三十四条　书记官员额视事之繁简定之。

按:本条系规定审判衙门及检察厅书记官之员额书记官之员额。审判衙门虽有不少于该院该厅,合议庭及独任推事之数之规定,然究应置若干员并无明文规定,而检察厅则并此最少之额亦无限制。盖以事之繁简不能预订,故本条特为概括之词以待临时之酌置。至此项制定员额之权,本条并未明文言其所属,然以其性质考之,实为司法行政之范围,当然属之于司法部。

第一百三十五条　审判衙门及检察厅书记官从各该长之命令得于权限内互相代理。

按:本条系规定审判衙门及检察厅书记官代理之制度,审判衙门及检察厅书记官如有疾病或其他事故不能执行职务者,其他书记官从各该长之命令得于权限内互相代理。

第一百三十六条　地方审判厅长得派该厅学习,推事临时执行该厅书记官事务。其应行署名者应附记临时代理字样。

按:本条系规定地方以下审判厅及检察厅临时代理书记官之制度,依本法第一百八条。

考试合格者分发地方以下审判厅检察厅学习,是地方以下审判厅及检察厅始有学习推事、学习检察官,故本条规定临时代理书记官之制度,自地方以下各厅为限也。夫学习推事、学习检察官原以学习司法事务及检察官事务为其本职,虽然书记官之事务及其有关于司法事务及检察事务之实地练习者,亦非浅显,故遇紧急事件必须临时代理之时,得由各该厅之长官或监督官派令学习人员临时执行书记官之事务。在官厅既可以得随时补助之功,而学习人员亦可以资修习。

书记官应行署名之件,如诉讼记录、判决书并一切关于文书证据之类,其详细规定均载之于诉讼律中临时代理书记官。其代理之范围,并无限制,凡属书记官职权以内之事,临时代理员均得掌理,则关于署名之件,自应一例署名,但必将临时代理字样附入以加区别耳。

第一百三十七条　审判衙门开庭审判时,书记官应遵审判长之命令之执行职务。

其关于特定事宜,书记官应遵特定推事检察官之命令执行职务。

书记官据前二项命令记录口供编制或更改文书如认该命令为不当应附记其意见。

按:本条系规定书记官遵从命令之范围及其固有职权,依本法第一百二十九条以下之规定,是书记官应各从其长官之命令,由书记官将其事务分配于各员以监督之,此条系指普通事项而言也,至于特别事项仍应临时受各主任官之命令,兹分为二项述之于后。

(一)审判衙门开庭审判时,书记官既奉书记官长之命令,使之分配于法庭则当其开庭审判之时,审判长当然为法庭之主任官,故关于法庭上书记官一切职务,均应受审判长之命令,盖以审判长在法庭上有指挥一切之权也。

(二)关于特定事宜之时,特定事宜者系指开庭审判以外之特定事项,例如受命推事及预审推事之检证搜查等特定行为以及检察官之相验履勘等事项,皆非审判长所能干涉,故于此时,书记官应各从其特定之主任官命令行之。

书记官对于以上所列二项,既应遵其命令,但其关于诉讼人口供之记录,并案卷以内编制文书或更改文书,皆属书记官固有之职权。虽以主任官之命令有绝对地服从之义务,然有时书记官之意思与主任官之意思不能一致,书记官苟认为不正当之命令,虽于遵从之后,仍得将其意见附记卷内,此实为书记官职权中最重要之点,足以为审判上匡正救助之资者也。

第一百三十八条　书记官于权限内所行职务，即不合本法所定之事务分配仍属有效。

按：本条系规定书记官关于事务分配有违误之时，其行为之效力依本法第一百二十九条以下之规定，书记官之事务分配既从长官之命令，而以书记官长为之监督，自应依其分配奉行为原则，然有时因不得已情事，必须变更分配者，但在书记官权限以内仍属有效，盖事务分配原属内部之关系，纯为分业性质，故遇有不得已情形不妨略予变通，且不能因其变更而失效力。

第一百三十九条　书记官以考试合格者录用之。考试任用书记官章程由司法部呈准定之。

按：本条系规定书记官考试任用之必要其原理，与本法第一百六条相同，盖书记官之职务既重断非，非经考试之人所能胜任故也。但本法关于推事检察官之任用，以必经两次考试合格方能任用，本条则并未明为规定，而悉以其考试任用章程委之于司法部。

第一百四十条　大理院总检察厅各高等审判厅、检察厅、京师地方审判厅、检察厅、书记官长俱为委任官大理院总检察厅各高等审判厅检察厅书记官为委任或委任官各省地方审判厅检察厅书记官长及书记官俱为委任。

按：本条系规定书记官等级及任用手续，书记官之等级，以法理而论，应以官制定之为宜，本条竟让之于考试任用书记官章程与本法第一百十七条之规定相违背。

第一百四十一条　书记官等级及任用事宜除前二条规定外，于考试任用书记官章程定之。

按：本条系规定书记官等级及任用手续。书记官之等级以法理而论，应以官制定之为宜。本条竟让之于考试任用书记官章程，疏与本法第一百十七条之规定相违背。

第一百四十二条　京师及商埠地方审判厅以上,审判衙门得特置翻译官由司法部及高等审判厅长酌量委用。

按:本条系规定设置翻译官之制度,依本法第七十条原告被告证人鉴定人等,如有不通中国语言者,由翻译传译,是以本条特设翻译官之规定,盖世界交通日见频繁,各国人民迁徙尤便,加以诉讼主义大都采用口头辩论,则关于审判衙门之用语,虽以国语为原则,而于传译各国方言不得不认为必要之例外,况内而京师外而商埠,均为外人聚集之所,故关于此等所自地方审判厅以上,均应特置翻译官,由司法部及高等审判厅长酌量委用以便传译。

第一百四十三条　书记官及翻译官权限并应办理事宜,本法所未定者,按照诉讼律及其他法令所定办理。

按:本条系规定与本法有直接关系之法令,对于书记官及翻译官权限,并其办理事方法有同一遵从之效力,盖书记官及翻译官之权限并应办事宜,本法所已规定者,自应遵从,本法未原则,其本法所未规定者,自应按照诉讼律及其他法令办理,其理由与本法第十三条、第一百五条均复相同。

第十四章　承发吏

第一百四十四条　地方审判厅置惩发吏其职务如下：

（一）发送审判厅检察厅之文书；

（二）受审判厅检察厅之命令，执行判断及没收之物件；

（三）当事人有所申请实行通知催传。

按：本条系规定承发吏之配置并其职务，承发吏在日本裁判所构成法名为执达吏，执达者，执行裁判送达文书之省文。我国则名之曰承发吏，其实承发二字，意义过狭，不足以包含以上两种职务。今依本条规定初级及地方审判厅，皆有承发吏之配置，兹将其职务分述如下。

（一）发送文书。发送文书有职权送运文书类与当事人送运书类之别，发送审判厅、检察厅之文书即指职权送运书类而言，例如不经宣示之决定书，命令书辩论日期之通知书以及诉讼书应送致当事人办理人辅佐人证人鉴定人之书类等是。

（二）执行判断及没收。承发吏之最要职务全在执行事件,而执行事件之中又有民事执行事件与刑事执行事件二种之区别,民事执行事件者,例如对于债权之强制执行,对于不动产之强制执行等,是刑事执行事件者,例如征收罚金事件及没收事件等,是刑事上之没收有三种:一为违禁私造私有之物;二为供犯罪所用及预备之物;三为因犯罪所得之物均由承发吏为没收之执行,但承发吏行此职务时,民事应受审判厅命令,刑事应受检察厅之命令。

(三)实行通知及催传。此即所谓当事人送达书类,盖出于当事人之意思也,凡民事诉讼当事人一方对于他方欲有所通知及催传,如由一私人送达,则将来辩论时他方可以未曾收受为理由,故为狡卸也。故此等类书概由当事人申请审判厅令书记官存案,然后承发吏送。

第一百四十五条　承发吏应从长官之命令。

按:本条系规定承发吏服从命令之范围,依前条之规定,承发吏分别配置于初级及地方审判厅,则其对于初级审判厅之监督推事及地方审判厅之厅长之命令,自应服从之也。

第一百四十六条　承发吏应服一定制服。

按:本条系规定承发吏之制服,承发吏须服从一定之服制,乃使一般人民易于辨识,然后其执行职务时,方得便利,不致有所阻挠,此亦形式上最重要之精神也。

第一百四十七条　承发吏有缺额或有他故时,监督官得派本厅书记官代理。

按:本条系规定承发吏代理之制度,承发吏之员额,本法并无规定。盖亦视之繁简而定,但既经置定之后,承发吏有死亡罢免之原因而致缺额之时,或因疾病等事故不能执行职务,自不能不需人代理此。本条所以有监督官得派本厅书记官代理之规定也。

第一百四十八条　承发吏须经考试始准录用,考试任用承发吏章程由司法部定之。

按:本条系规定承发吏之考试之考试任用,承发吏非经考试合格不得任用,其所以如是慎重者,因承发吏所执行之职务与人民之权利有最大之关系也。至于订定章程之权属之于司法部则以其为司法行政之范围故也。

第一百四十九条　承发吏由司法部及高等审判厅长派充并得委任地方审判厅长派充之。

按:本条系规定承发吏任用之形式。承发吏之任用在京必由司法部派充在外,必由高等审判厅长派充,其或因便宜并得委任地方审判厅厅长派充之,此固所以划明司法行政之权,然亦重视之也。

第一百五十条　充承发吏者应缴纳相当之保证金。

按:本条系规定承发吏保证金之制度。承发吏之职务,以执行事件为最要,而尤以民事诉讼之执行事件为其最大部分。夫民事诉讼执行事件,大都有金钱关系或有不慎行为,致使人民之权利损失应由承发吏负其责任,代为赔偿。基此原因,则于任事之先,不得不先令其缴出相当之金钱,由审判衙门存储以为保证,如有不法情事,即行没收。既足以坚其不敢为恶之心且可以豫为损害赔偿之地法至善也。

第一百五十一条　承发吏应照职务章程所定分别酌给津贴。

按:本条系规定承发吏津贴之制度,承发吏之职务,以执行判断为其主要,故承发吏所支之俸给,即不啻为民刑诉讼判决之执行费。盖以承发吏乃因执行判断所设之机关也,刑事诉讼为国家实行刑罚权之作用。故关于刑事之执行,其执行费自应由国家担任。至于民事诉讼,则纯为人民保证私权之事件,在法理上系采当事者处分主义,其执行费当然不能由国库支出,必由诉讼当事人自行担任,方为正当。承发吏之俸给,既为执行费之一种,自应征之于民事诉讼当事人,使之担负。但于其征收之法有二种区别。

(一)直接征收。直接征收者,即使承发吏自行征收法定之手数料,如有不足预订之数,再由国家补助,此日本所采制度是也。

(二)间接征收。间接征收者,即由审判衙门逐案征收汇集存储以备支给承发吏之俸给,此即中国所采制度是也。

由前之说,虽省收入支出之繁文,由后之说,实少额外浮收之流弊,是以本条不采第一说而采第二说。

第一百五十二条　承发吏职务章程由司法部定之。

按:本条系规定承发吏职务章程,依本法第一百四十四条之规定,承发吏之职务已列举于该条之中,然仅举其大纲至其详细规则,不得不另以章程定之于订定章程之权责属之于司法部。

第一百五十三条　承发吏权限并应办事宜,本法所未规定者,按照诉讼律并承发吏职务章程及其他法令所定办理。

按:本条系规定与本法有直接关系之法令,对于承发吏之权限,并其应办事宜,有同一遵从之效力,盖本法所定者,仅其大纲。至其详细节目,自应按照其他法令所定办理,其理由与本法第十三条、第一百五条、第一百四十三条相同。

第十五章　法律上之辅助

第一百五十四条　审判衙门办理诉讼事宜应互相辅助。

前项辅助除有特别规定者外，由事务所在地之初级审判厅行之。（本项删）

按：本条系规定审判衙门法律上辅助之制度，审判衙门既有土地事物二种之管辖以为划分区域权限之标准，则办理一切诉讼事宜，自以不得越俎代庖为原则。故遇有诉讼之提起，必其案件一切关系皆在其管辖区域以内，方得毫无窒碍。若有证人证物在其管辖以外之时则于诉讼之进行，因之遂行阻力。盖域外调查不独劳费堪虞，而且于管辖原则大相违背。是以东西各国对于此项问题大都规定有法律辅助之制度，法律辅助者，谓基于法律之原因，彼此审判衙门各负有互相辅助之义务也。遇有诉讼关系，若在本审判衙门以外之时即得根据，法律以其性质或以文书答复，或即代其执行既于管辖原则不相违，而诉讼进行实得非常之是亦最要之制也。

法律上辅助之原因，既已如上所述，而担负辅助之责任必以该事务所在地之初级审判厅为其原则,其故安在?盖初级审判厅土地之管辖甚狭,而其阶级与人民相近,遇有嘱托事件于调查执行诸手续均易为力,故除法律有特别规定如大理院嘱托预审必由高等审判厅或地方审判厅行之以外,其余一切辅助事宜,莫不以初级审判厅为会规矣。

第一百五十五条　各检察厅于管辖区域内执行事务应互相辅助。

按:本条系规定检察厅法律上辅助之制度,依前条规定,审判衙门之辅助,除法律有特别外,均属于初级审判厅而本条则并无何项规定,盖各级检察厅,各于其管辖区域之内,均负有互相辅助之义务,不以初级检察厅为限矣。

第一百五十六条　审判衙门检察厅书记官及承发吏均于权限内之事务应互相辅助。

按:本条系规定书记官及承发吏法律上辅助之制度,其理由与前二条相同,但本条之要点,必其权限以内之事务,方能互相辅助,且必须经其长官之许可,此不可不注意者也。

第十六章　司法行政之职务及监督权

第一百五十七条　大理院长、审判厅长、总检察厅检察厅长、高等检察厅检察长、地方检察厅检察长，按照本法分任司法中行政之职务。

按:本条系规定司法行政之原权及其分任之机关司法行政事务者,即除审判诉讼以外,一切按本条系规定司法行政之原权及其分任之机关司法行政事务者,即除审判诉讼以外,一切之分划厅区筹集经费并用人行政诸事项,皆谓之为司法行政事宜,依本法第十五条、第十八条之分化厅区筹集经费并用人行政诸事项,皆谓之为司法行政事宜,依本法第十五条、第十八条、第二十六条、第三十四条、第八十七条之规定,自大理院长并总检察厅总检察长以下各级审判衙门及检察厅之长官,莫不有监督该厅行政事务之权,但此项司法行政之权,为司法总长之本务,均应统属于司法部,故本条特明示其权限,凡属司法行政事务均以司法部为其原权,其自大理院长总检察厅总检察长以下各长官之监督行政权均非其固有之职权,全然由司法部使之分任其职务也。

第一百五十八条　司法行政监督权之施行其区别如下：

（一）司法总长监督全国审判衙门及检察厅；

（二）大理院长监督大理院；

（三）删；

（四）高等审判厅长监督该厅及所属下级审判厅；

（五）地方审判厅长监督地方审判厅；

（六）删；

（七）总检察厅检察长监督该厅及各级检察厅；

（八）高等检察厅检察长监督该厅及所属下级检察厅；

（九）地方检察厅检察长监督地方检察厅；

（十）删。

审判分厅大理分院及检察分厅如置监督推事及监督检察官时，准前项之例由该推事及检察官行监督权。

按：本条系规定司法行政监督权施行之统系监督司法行政之最高机关为司法总长，全国以内一切审判衙门及检察厅皆归其监督者也。至司法总长以下之监督机关，则必有一定之统系而后发生监督权，此监督权之行政，所以不可不规定也。然就本条之规定观之，大理院长之权限，只能监督大理院内之推事，而高等审判厅长及能监督其所管辖内之地方审判厅以下之各推事，似高等审判厅长之权限，此诸大理院长为更大。然法律所以如此规定者，有二理由：(1)大理院为司法之最高机关，以全国为其管辖区域，如各省高等以下审判厅司法行政事务亦由其监督是不啻有第二司法部，殊与司法总长之权限有所侵犯，其理由一；(2)大理院所管辖之诉讼事件，除属其特别权限内之案件外，多属上告案件，其专务在于解释法律上之问题，全国上告案件荟萃于全国唯一之衙门。若使其更兼行政上之监督，则事务未免过繁，其理由二。因有以上理由，故自司法厅长以下之监督权以高等审判厅为最大也。

检察厅虽配置于大理院，而亦以全国为管辖，其行使之监督权与审判衙门不同，不独可违于京师高等以下各检察厅并各省高等以下各检察厅亦隶其行政监督权之下，盖检察厅之性质以服从上级为绝对的原则。故总检察厅不能不监督各厅，且司法总长既为检察长官，其对于总检察厅总检察长，仍居于长官之地位，毫无侵权之忧。

第一百五十九条 监督权施行如下：

（一）有废弛职务及侵越者，应加警告使之勤慎；

（二）有行止不检者，应加警告使之悛改。

按：本条系规定监督权消极之作用，监督权之作用原包含有积极消极两方面，积极作用者，即关于官吏之分配等一切指挥行政之作用是也，消极作用者，即关于违背消极命令而使其遵从之作用是也。积极作用本法第六章及其他法令均有规定，本例则专规定消极作用即警告是已。凡官吏之职务，莫不有一定之范围，不及范围者，谓之废弛，过其范围者，谓之侵越。此废弛及侵越，无论为故意为过失，皆可加以警告，使之勤慎，必使其却合职务之范围而至止。又虽关于职务并无太过不及之虑而其他行为有不当时，亦可以为警告之原因，而使其悛改。盖以官吏之行为必与官吏之身份相称方可保其威严也。

第一百六十条 审判衙门及检察厅各员如有前条情节，经该监督官屡戒不悛或情节较重者，应即照惩戒法办理。

按：本条系规定监督权最后之效力，监督权之作用既已如上条之所述矣，然无此最后之效力，则其作用仍不见收，如何之结果？是以本条于此再为规定惩戒办法以补前条之不足，凡关于废弛职务及侵越权限并行不止检之类，已经监督官再三警告而置若罔闻，自应归惩戒法办理，或其情节较重者，料知非警告所能制止之时，则虽未经警告，亦得按照惩戒法办理。但此有应注意之一点，即所谓情节较重者，仍以属于惩戒处分者为限，至情节太重干犯刑律正条例如渎职罪，则纯然为刑事上之责任而又非惩戒处分所能制裁矣。

第一百六十一条　前数条列举之司法行政职务及监督权,不得不有瞻徇请托情事。

按:本条系规定关于司法行政职务,监督者与被监督者双方之义务。盖监督者之义务,在秉公考察,不得不有所瞻徇,被监督者之义务在恪守范围,不得妄为请托瞻徇与请托,纯然为双方对待之义务。

第一百六十二条　审判衙门及检察厅各员关于法律及司法行政事宜,如司法部及有监督权之审判官或检察官有所询问,应陈述其意见。

按:本条系规定被监督者对于监督者有陈述意见之义务,关于法律事项即法律之解释,法律之适用等是已。盖上级官吏虽有监督下级官吏之权,然有时或恐不能得下级事实之真相,似应征求下级官吏之意见供参考,然后有监督权之作用,愈形详实本条立法之精神,盖在于此。

第一百六十三条　本章所载各条,不得限制审判上所执事务及审判官之审判权。

按:本条系规定司法行政权与司法权之区别,并申明司法权之独立,依本章各条之所规定自司法部以下至初级审判厅层层监督,而且附以种种之制裁,苟不细意研求,几疑与司法独立之原则,大相违背。盖本章之所规定,均属于司法行政权之事项,与司法权之事项,其间界若鸿沟,司法权者,即推事之审判权也。根据法律之正条,参以自由之心证以裁决诉讼,纯然为司令三权独立之精神,胥在于是一受他人干涉则司法独立即失其性质而人民之危险莫大。故本条特再行申明本章所载各条,不得限制审判,其意惟恐司法行政与司法相混,不惜反复叮咛以别之耳。

附　则

第一百六十四条　删。

按：本条系规定本法颁行后，各省施行之时期，本条系声明前清筹备年限，现在当然无效。

法院编制法讲义　终

图书在版编目(CIP)数据

钱泰法学文集 / 钱泰著 ; 赵刘洋点校. -- 北京 : 法律出版社, 2018
(朝阳先贤法学文丛 / 冯玉军主编)
ISBN 978-7-5197-1695-0

Ⅰ. ①钱… Ⅱ. ①钱… ②赵… Ⅲ. ①法学-中国-民国-文集 Ⅳ. ①D929.6-53

中国版本图书馆CIP数据核字(2017)第294051号

钱泰法学文集
QIAN TAI FAXUE WENJI

钱 泰 著
赵刘洋 点校

策划编辑 高 山
责任编辑 韩向臣
装帧设计 贾丹丹

出版 法律出版社
总发行 中国法律图书有限公司
经销 新华书店
印刷 北京京华虎彩印刷有限公司
责任校对 王晓萍
责任印制 陶 松

编辑统筹 学术·对外出版分社
开本 A5
印张 8.375
字数 196千
版本 2018年1月第1版
印次 2018年1月第1次印刷

法律出版社/北京市丰台区莲花池西里7号(100073)
网址/www.lawpress.com.cn
投稿邮箱/info@lawpress.com.cn
举报维权邮箱/jbwq@lawpress.com.cn
销售热线/010-63939792
咨询电话/010-63939796

中国法律图书有限公司/北京市丰台区莲花池西里7号(100073)
全国各地中法图分、子公司销售电话:
统一销售客服/400-660-6393
第一法律书店/010-63939781/9782
西安分公司/029-85330678
重庆分公司/023-67453036
上海分公司/021-62071639/1636
深圳分公司/0755-83072995

书号:ISBN 978-7-5197-1695-0
定价:45.00元
(如有缺页或倒装,中国法律图书有限公司负责退换)